ヘンリー・ナウエン Henri J. M. Nouwen
リチャード・ロール序
ブラウネルのぞみ❖訳

イエスさまについていこう

FOLLOWING JESUS

一麦出版社

FOLLOWING JESUS
Finding Our Way Home
in an Age of Anxiety

by
Henri J. M. Nouwen
Foreword by
Richard Rohr

tr. by
Brownell Nozomi

This edition published by arrangement with Convergent Books,
an imprint of Random House, a division of
Penguin Random House LLC through Japan UNI Agency, Inc. Tokyo
For more information about Henri Nouwen, his work,
and the work of the Henri Nouwen Society, visit
www.HenriNouwen.org.
Published in association with Alive Literary Agency, 7680 Goddard Street,
Suite 200, Colorado Springs, CO
80920, www.aliveliterary.com

Ichibaku Shuppansha Publishing Co., Ltd.
Sapporo, Japan
© 2024

Soli Deo Gloria

目次

序　ヘンリー・ナウエン、友人そして教師　リチャード・ロール　6
序章 …… 11
第1章　招き …… 17
第2章　呼びかけ …… 36
第3章　チャレンジ …… 57
第4章　代価 …… 83

第5章　報酬……105
第6章　約束……131
編者のことば　ガブリエル・アーンショウ……157
謝辞　160
訳者あとがき　164

イエスさまについていこう

序

ヘンリー・ナウエン、友人そして教師

ヘンリー・ナウエンのことを初めて聞いたのは、私がまだオハイオ州の神学校にいた一九六〇年代のことでした。カンサス州の私の母から、教区に新しいオランダ人の司祭が来たこと、母は彼のミサに出席するのが大好きだという手紙が届いたのです。「彼の（オランダ語の）アクセントのために理解するのが難しいのですが、彼は深い尊敬と献身をもってミサを導いています」と母は教えてくれました。もちろんその時には、母が誰のことを話しているのか私には見当がつきませんでした。彼はその当時、トペカの私の家族の家の近くにある、メニンガー研究所で心理学の博士課程に籍を置く学生でした。それから彼が私の人生に入って来るまで、あまり時間はかかりませんでした。

一九七〇年代の中頃から、私たちはしばしば同じ会合の講演者となりました。まもなく彼は、

シンシナティのニュー・エルサレム・コミュニティーに私を何度も訪ねるようになりました。そこで彼は私に向かって、どれだけコミュニティーと親しい人間関係を待ち望んでいたかを語りました。私にはそれが彼の熱い願いであることがわかりました。私たちはたびたびコミュニティーが根づいた労働者階級の地区を散歩しました。彼は、尽きることのない霊的な好奇心や彼の極端な傷つきやすさ、人びとに対する慎ましい心配事などを語って、いつも決まって私を楽しませてくれました（これ以外の適当な言葉がありません）。

ヘンリーは深い人間関係を切望していました。そして実際その人間関係こそが、彼の天賦の才だったと私は思います。彼は本物と本物でないものを察知することができました。そして、本物でないものを癒したいと願っていました。だからこそ彼は私たち皆に対して、とても尽くしてくれたのです。

一九八六年に、私が活動と黙想のためのセンターを創設する目的でニューメキシコに引っ越したとき、ヘンリーはとても協力的な手紙で、「ぜひ黙想だけを教えてください！」と励ましてくれました。そして、エクナット・イーシュワランの著書を学ぶように勧めてさえくれました。これは私に、ヒンズー教を基礎においたインドの教師をも脅威としない、彼のキリスト者としての信仰の深さを示してくれました。また、彼自身がカトリック教徒でありながら、それがどこから来ているかによって区別することなしに、本物の黙想の教えを認めることも見せてくれました。

彼を賢く清い先輩として尊敬していたので、私はよく彼から一方的に霊的指南を得ようとしました。何分か話すと、私は彼が私の質問にまったく答えていないこと、そしてそれをひっくり返して私を彼の霊的指導者に変えてしまっていることに気づいたものです。それは彼の側の謙遜だったのか、ある種無意識の互恵関係の必要性があったのかわかりませんでしたが、最後には私はそれをまったく正直な霊の探究であり、ヘンリーは自分自身の洞察と同等に私の洞察にも価値を見出してくれていたのだと結論づけました。私は、彼が霊的著作家であったと同様に、実生活においてはいつもさらなる知恵とさらに愛する能力を求める願いに満ちている、霊の求道者であり信者であったと知っています。

私が男性のための霊性を教え始めるということを聞いたとき、ヘンリーは私に手紙を書いて、そのことをとても強く励ましてくれました。彼は、多くの芸術家たちが、父と息子の間によくある破綻した関係の癒しとなるイメージのアートを制作する必要があったことも教えてくれました。彼は、癒しのプロセスを始めるために視覚的なイメージが用いられることを知っていたのです。少なくとも一人のイコン製作者、フランシスコ・ロバート・レンツは、ヘンリーのアドバイスを受けて、愛されたヨハネがイエスの胸に頭をもたせかけている絵を描きました。ヘンリーはそれをとても好み、私や他の人に対して、彼自身の父親との複雑な関係について隠すことはありませんでした。

結局のところ、そして私の単純な視点からみると、これらはヘンリー・ナウエンの主な賜物でした。「彼がその粗野な正直さから得た人間の脆さと癒しの力」です。多くの人たちにとって、彼は「傷ついた癒し人」という呼び名そのものを生み出し、そして彼の人生をとおして、それを余すところなく表したということでしょう。彼は有名になることを愛し、けれどもその皮肉さも十分に見てきました。彼が心から傷ついて、私に言った時のことを覚えています。「オランダの私の家族は私の本を読んでくれないし、その本のことすら知らないんだ！」。けれどもその後で、彼はそんなことを言った自分を笑うのでした。

おそらくヘンリーは、アッシジのフランシスコやリジューのテレーズのように人間の影を霊性に関する対話全体の中に招き入れた、そしてただ、それをもっと心理学的な知識によっておこなったのだ、と言えるでしょう。これが彼をとても実際的な洞察へと導き、さらに愛の性質、すべての人間関係、そして特に神の愛へと導いていったのです。私たちキリスト者は、その影を「罪」とよぶことに慣れており、すばやく「罪」として告白するようになっています。けれども、それではそれから学ぶことができなくなっているのです。ヘンリーは確かに彼の「罪」や失敗を親しい人たちに「告白」しました。けれどもそれはまず彼がその罪や失敗の棘や、手触り、その真実、そしてそこからいつも受けることのできる知恵について感じていたからでした。これらの正直な認知が、他の人に対する同情へと導いたように思えます。

とにかく、それゆえヘンリーは時間の吟味に耐え得るであろう、飛び抜けたキリスト者の教師となりました。そしてあなたはこれからこの本をとおして、彼が苦労して得た知恵の一部を楽しもうとしているところです。

彼はすぐにあなたの友人となることでしょう。万が一まだそうでなかったとしても。

聖フランシスコ修道会　リチャード・ロール神父
活動と黙想のためのセンター
ニューメキシコ州アルバカーキー

序章

あなたはイエスさまに従っていますか？　自分をよく見て問いかけてほしいと思います。

あなたはイエスさまについていく人ですか？　私はどうでしょう？

たいていの場合私たちは、ついていく人というよりは放浪する人です。私はあなたのことだけでなく、自分のこともさしているのです。私たちはあちらこちらに駆け回り、たくさんのことをして、大勢の人に会い、多くのイベントに参加し、本をたくさん読みます。とてもいろいろなことに関わっています。私たちは人生をたくさんの、たくさんの物事として経験します。ここに行ったりあそこに行ったり、これをしたりあれをしたり、あの人に話したりこの人に話したり、あれをするためにこれをしてあれをして、というように。そしてときどき、どうやったらこれらを全部こなすことができるのだろうかと思います。落ち着いて考えてみると、私たちは一つの緊急事態から次の緊急事態へと走っていることがよくあることに気づきます。私たちはとても忙しくて、とても一所懸命です。けれども、いったい何でそんなに忙しいのかと聞かれると、実はよくわかりません。

ここからあそこへと放浪する人びとは、自分が生きているというよりも、何かに自分の人生を生きられているように感じて、とても疲れています。多くの人がこの問題を抱えています。たくさんのことをするということが問題なのではなく、実際にそこから何かが生まれているのかと疑いながら多くのことをしていることが問題なのです。たくさんのお手玉を空中に放り上げておいて、どうやってそれを回し続けることができるのかと考えているかのようです。それはとても疲れることです。事実、疲労困憊してしまうことです。

最終的に、ある人びとは立ち止まり、全部をあきらめます。「もう五年も経つのに結局何も起こらなかった」と言います。その人たちはそこに座り込み、何もしなくなってしまいます。彼らの心を躍らせるものは、もうどこにもないのです。彼らは人生に対する真の興味を失ってしまいました。ただテレビを見て、漫画を読み、眠ってばかりいるのです。リズムもなく、動きもなく、緊張感もありません。時にはアルコールや薬物やセックスなどへ逃避しますが、何も彼らを魅了しません。何からもエネルギーを得ることができないのです。

「何をしたいの?」「わかんない」

「映画に行く?」「わかんない」

この人たちは放浪から、ただ座り込むことへと移りました。この人たちも、とても疲れています。本当に疲弊しているのです。走り回る人たちとただ座っているだけの人、どちらのタイプもどこへも向かっていません。

　私たちはみな自分自身のどこかに、この放浪者と座っている人のある部分をもっています。あなたはこの世界を見渡して、「私はとても疲れている。疲れがのしかかってくるようだ。この世界は経験するには重すぎることばかりで、時に私は放浪者で、時にはただ座っているだけだ」と言います。神さまがイエスさまをお送りになって、愛の声を発せられたのは、この深く疲弊した私たちの世界です。イエスさまは言われます「私について来なさい。走り回ってばかりいないで、私について来なさい。そこに座り込まないで、私について来なさい」。

　この愛の声は、私たちの人生を放浪や、ただ座っていることから、焦点の合った、目的のある人生へと完全につくり変えることのできる声です。

「私について来なさい」。

　この声をもう聴いたことがある人も、まだ聴いたことがない人もいるかもしれません。ついて来るようにという招きの声に一度でも耳を傾けるなら、多くの場合、物事は正しい場所に収まるようになります。あちらこちらへと動き回る代わりに、急に焦点が合うようになるのです。自分がどこに進むのかがわかるようになるのです。私たちの関心はひとつだけになります。ずっと経験してきた重い倦怠感が突然消え去ります。それは私たちがあの愛の声を聴いたからなのです。

もし焦点がなく、ついていく人がいなければ、私たちは空っぽの人間です。本当に私たちは空っぽなのです！　けれども、愛の声が私たちを呼んで、「私について来なさい」と言っていることを発見するとき、すべてのことが変わります。とてもだるくて、とても退屈で、とても疲れる人生が、急に方向性のある人生になるのです。

私たちは自分自身に向かって「私はこのために生きていたのだ！」と言えるようになるかもしれません。

この本は、あなたと私がこの愛の声を聴くことができるように手助けをするために書かれたものです。あなたの耳元で「私について来なさい」とささやくその声を。

私がしたいと思っていることは、共にその声を聴くことによって、落ち着かない放浪から、喜びでいっぱいになってついていくことへと、また、ただ座り込んで何もせずに退屈している人びとから、心躍る人びとへと私たち自身を導くことです。

この声は、無理強いする声ではありません。それは愛の声であり、愛は押したり引いたりしないからです。愛はとても繊細なものです。

旧約聖書にとても美しい物語があります。預言者が洞窟の入り口に立ち、主が通り過ぎられました。非常に激しい風が吹きましたが、風の中に主はおられませんでした。地震がありましたが、地震の中にも主はおられませんでした。火がありましたが、火の中にも主はおられませんでした。それからかすかなささやく声がありました。そして、主はその声の中におられたのです

（列王記上一九・一一―一三参照）。

その声はとても繊細です。とても静かな声かもしれません。時には聞こえにくいかもしれません。しかし、その愛の声はもうあなたの中にあるのです。あなたはその声をもう聞いたことがあるかもしれないのです。

その声を聞くことに心を向けてください。静かにして、その声を聞くための時間をとってみてください。

耳を傾けてください。その声は「私はあなたを愛している」と言って、あなたの名前を呼んでいます。そして「来なさい。来なさい。私について来なさい」と言っています。

主よ
今日私と一緒にいてください。私の混乱に耳を傾けてください。そして私がその混乱をどのように生きたらよいかわかるようにお助けください。私は言葉を知りません。私は道を知りません。道を教えてください。あなたは静かな神です。騒々しい世界の中で、あなたの声を聴くことができるようにお助けください。私はあなたと一緒にいたいのです。私はあなたが平和だと知っ

ています。あなたが喜びだと知っています。私が平安と喜びに満ちた人となることができるように
お助けください。それはあなたの近くに生きることから生まれる果実です。私をあなたの近く
に連れていってください。我が主よ。

アーメン

第1章

招き

「来なさい。そうすればわかる。」

その翌日、また、ヨハネは二人の弟子と共に立っていた。イエスが歩いておられるのに目を留めて言った。「見よ、神の小羊だ。」二人の弟子はそれを聞いて、イエスに従った。イエスは振り返り、二人が従って来るのを見て、「何を求めているのか」と言われた。彼らが、「ラビ（『先生』という意味）どこに泊まっておられるのですか」と言うと、イエスは、「来なさい。そうすれば分かる」と言われた。そこで、彼らはついて行って、どこにイエスが泊まっておられるかを見た。そしてその日は、イエスのもとに泊まった。午後四時ごろのことである。

ヨハネによる福音書一章三五－三九節

少しの間、あなたがこの物語の中にいると想像してみてください。あなたが洗礼者ヨハネと一緒にいるところを想像してください。ヨハネは頑強な人でした。彼がらくだの毛衣を着ている様子を思い描いてください。彼は人びとから離れて生活をしており、厳しい声で「悔い改めよ！悔い改めよ！　あなたがたは罪深い人間だ。悔い改めよ、悔い改めよ、悔い改めよ！」と言います。

人びとはその場所にいて聞いています。彼らはなんとなく、自分たちの生活に何かが欠けていると感じています。たくさんのことで忙しくて、とても疲れたと感じているか、絶対にどんなことも起こらないとなぜか思っていて、ただそこに座っているだけ。

人びとはこの奇妙な野生の男のところに出かけて行き、耳を傾けます。洗礼者の二人の弟子、ヨハネとアンデレが一緒にいます。ある日、イエスが通りかかります。ヨハネはイエスをじっと見つめて、あの方は「世の罪を取り除く神の小羊だ」と言います。

ヨハネは、人びとが罪人で悔い改める必要があることを知っていました。けれども、彼は自分が人びとの罪を取り除くことができないということも知っていました。罪を取り除くことは人間にできることではないからです。彼は「悔い改めよ、悔い改めよ、悔い改めよ！」と言いました。しかし、イエスが通りかかられたとき、洗礼者ヨハネはイエスをじっと見て、ヨハネとアンデレに言ったのです。「見なさい。あの方こそが、世の罪を取り除く神の小羊だ。あの方こそが神の僕なのだ。あの方は苦しむために来られた。あの方こそが、あなたがたの罪が取り除かれるために、犠牲となるために送られた方、神の小羊だ」と。

この情景の中にただ佇んでいてください。

新しい焦点、新しい始まり、新しい心、新しい魂をもって、新しい人生を始めたいと熱望しているヨハネとアンデレがいる場所にいてみてください。この二人の青年は、イエスについていくようになります。するとイエスは振り向いて、ご自分についてきた二人を見て、質問をされます。「何を求めているのか?」。この二人はなんと言ったでしょうか。「主よ、あなたについていきたいのです」。「主よ、あなたの御心をおこないたいのです」。「主よ、あなたに罪を取り除いていただきたいのです」と言ったのでしょうか?　そのようなことは何も言いませんでした。その代わり、彼らは「どこに泊まっておられるのですか?」と聞きました。

物語が始まったばかりのこの部分で、私たちはとても大事な問いを耳にすることになりました。あなたはどこに住んでおられるのですか?　あなたのおられる場所はどこですか?　あなたの道はどのようなものですか?　あなたの近くにいるのはどんな感じなのですか?

イエスは言われます「来なさい。そうすればわかる」。

イエスは、「私の世界に入りなさい」とは言われません。イエスは「来なさい、あなたを変えてあげよう」とも、「私の弟子になりなさい」とも、「私の言葉を聞きなさい」とも、「私の言うことをおこないなさい」とも、「自分の十字架を担いなさい」とも言っておられません。イエスは「来て、見なさい。見回しなさい。私と知り合いになりなさい」と言われます。それが招きなのです。

彼らはイエスのもとに泊まりました。彼らはイエスが住んでおられる場所に行って、見て、そしてその日はそこに泊まりました。ヨハネは、それが第十の時、午後四時頃であったと言っています。

イエスは彼らを招き、彼らはイエスのそばに来て、一緒に宿を取りました。彼らは進んでイエスのおられる場所に行ったのです。「悔い改めよ、悔い改めよ、悔い改めよ！ 時は来たのだ！」と叫ぶ洗礼者ヨハネとはとても異なる人物に彼らは出会いました。イエスはヨハネとは違い、「私の住んでいる場所に来てみなさい」と言われたのです。

彼らは、神の小羊であるイエスを見ました。謙遜な僕です。貧しく、優しく、温かで、平和をつくり出す、心の純粋な方。彼らはイエスを見ました。彼らはすでにその時に神の小羊に出会っていたのです。

そこには柔らかさがありました。そこには穏やかさがありました。そこには謙遜さがありました。

「来なさい。そうすればわかる」。

「その日は、イエスのもとに泊まった」。

イエスは、彼らがただ周りを見るためだけに招き入れられました。あなたもそこにいてください。今聞いた物語を心の目で見てください。

私たちは招かれている

イエスは、神の家に来るようにと招いてくださっています。神の住んでおられる場所に入って来るようにとの招きです。

それは厳しい条件を伴った招きではありません。神の小羊が「来なさい。私の家においでなさい。周りをぐるっと見回してごらんなさい。怖がらないで」と語る物語なのです。すべてを背後に残して来なさいという大胆な召しのずっと以前に、イエスは「来て、私のいるところをご覧なさい」と言われたのです。

イエスは、私たちにそばにいてほしいと願う主人です。また、旧約聖書の良い羊飼いで、いのちの盃が溢れている食卓にご自分の人びとをお招きになる方です。

神が私たちをご自分の家に招いてくださるというイメージは、聖書全体で用いられています。

主は私の家。主は私の隠れ場。主は私の日除け。

主は私の避けどころ。主は私の幕屋。主は私の神殿。主は私の宿り場。主は私の帰るべき家。

主は私がいのちの日の限り住みたいと願う場所。

神は私たちの部屋、私たちの家になりたいと願っておられます。私たちがほっと安堵することのできるものでありたいと願っておられるのです。神は、私たちをその羽の下に抱こうとしている鳥のようであり、その胎の中に私たちを抱いている女性のようです。神は永遠の母、愛に満ちた主人、面倒見の良い父、私たちを招く良き備え手です。

そこは安全で、善い感じがします。暴力や混乱、破壊などが満ちている危険なこの世界の中に、私たちがいたいと思える場所があるのです。私たちはこの神の家にいたいのです。そこで安全だと感じ、抱きしめられ、愛され、心にかけてもらいたいのです。詩編の作者が詠うように、私たちも言います「主の家のほかに、私の心が宿りたい場所があろうか?」(詩編八四、一一七)。

「家」という言葉は、大切な意味をもって広がっていきます。イエスは、「私の父の家には住まいがたくさんある。あなたがたのために場所を用意しに行くのだ」(ヨハネ一四・二)と語っておられます。イエスは素晴らしい家、豪邸について語られます。そこでは私たちのための宴会が開かれ、盃が溢れていて、人生が素晴らしい祝いそのものとなるのです。

ヨハネによる福音書は、一つのとてつもなく素晴らしい家のヴィジョンから始まっています。「初めに言があった。言は神と共にあった。言は神であった。万物は言によって成った。言は肉となって、私たちの間に宿った」(ヨハネ一・一—三、一四)。「家」という言葉に、受肉についてのすべてが表されています。福音書を読むと、イエスがどのように語られたかを聞くことができます。「私が自分の家をあなたがたの中に持っているように、あなたがたも私の中に家を作ることができる」（ヨハネ一五・四―八）。神の家のヴィジョンは、ますます深くなります。突然これらすべてのイメージが一つとなり、私たちは自分が神の家であり、また神がご自分の家を建てられた場所に私たちも自分の家を建てるようにと招かれていることに気づきます。私たちは自分自身が、今いるこの場所で、この体で、この顔で、この手で、この心のままで、神がお住みになることのできる場所なのだということに気づくのです。

よく聞いてください。イエスはあなたと私に神の親密な家族の一員となってほしいと願っておられるのです。「父が私を愛されたように、私もあなたがたを愛した」（ヨハネ一五・九）。イエスは、「あなたはもう奴隷ではない。よそ者でも、部外者でもない。いや、あなたがたは友だ。なぜなら、私が父から聞いたことはすべて、あなたのものだからだ。私のおこなうことは全部、あなたもおこなうことができるし、それ以上のこともできる。私は偉大な人物で、あなたは小さな存在――いや、そうではない。私のおこなうすべてのことをあなたもおこなうことができるのだ」（ヨハネ一五・一五、一六）。

この父なる神と御子の親しい交わりには名前があります。それは「霊」です。「聖霊」です。「あなたに私の霊を持ってほしいのだ」。「霊」とは「息」という意味です。この言葉は古代ギリシア語のプネウマ（pneuma）に由来しています。「私はあなたに私の呼吸をもってほしい。私の中の最も深い部分をあなたに持ってほしいのだ。そうすれば、あなたと神との関係が私と神との関係と同じになる。それは聖なる関係だ」。

あなたが神の家族の中に住むようにと招かれているということを、あなたの心で聞いてほしいと思います。たった今、あなたはその親密な交わりの一部になるようにと招かれているのです。

霊的な生活とは、あなたが神の家族の一員になるということです。

私たちが「イエスの御名で語ります」と言ったり、「イエスの御名でこのことをします」と言うとき、私たちは本当に「神のおられる場所からそれをおこないます」と言っているのです。大勢の人は、私たちがイエスの御名で何かをするということは、イエスがそこにいないので、私たちがイエスの代理としておこなうのだと思っています。けれども、そういう意味ではないのです。イエスの御名で語ること、イエスの御名で暮らすこと、イエスの御名で行動することは、その名前こそが私がいる場所であるということなのです。あなたはどこにいますか？「私はその御名の中に生きていて、そここそが私の住んでいる場所です。そこが私の家のあるところです」。あなたがそこに住むのなら、その場所を全く離れることなしに世の中に出ていくことができるのです。

その場所の外、イエスの心の外では私たちのすべての言葉、すべての思いは結局のところ無意味です。何をするにしても、その場所を絶対に離れてはなりません。なぜならその場所にいるときにだけ、あなたは神の内にいるからです。その場所からのみ救いがきます。そして、私たちはその救いをこの世界に広めなければなりません。

「神のおられる場所に来て、見てみなさい」というのが、招きなのです。私たちは最初、ただイエスの家という物理的な場所だと思うのですが、ヨハネの福音書が進むにつれ、ヨハネは神の場所というのは、神ご自身のごく親密ないのちであるということを示します。私たちは、父、子、聖霊が形づくっておられる愛の家族の中に招かれているということです。イエスについていくことは、その愛の家族の中に入るための道なのです。

私たちはイエスについていかなければならないわけではありません。最初にあるのは招きです。「来なさい。来なさい。来て、見なさい」。

私たちはどのように応答するのか？

聞くこと

私たちはこの招きに、洗礼者ヨハネのような人びとに耳を傾けることによって応答します。もしヨハネが「見よ、あそこに神の小羊がいる」と言わなければ、ヨハネもアンデレもイエスを見なかったかもしれません。この福音書の物語は、私たちがイエスをさし示す誰かの声を聞かなければならないと示しています。私たちが自分でイエスを見つけることはないからです。

その人は面白い人でも、魅力的な人でも、気安い人でもないかもしれません。イエスをさし示すその人は私たちをイラつかせるかもしれません。それは私たちにははっきりとした差別心があるからです。その人のことを気にも止めずに、「あの人の服装を見てごらんよ」とか「イエスのことを話すような人なんてどうでもいい」などと言います。

たとえ一緒にいるのが快適でない人だったとしても、そのような人たちに耳を傾けることが必要であるということに気づいてほしいと思います。その人たちは非常に貧しい人たちかもしれません。あるいは、あまりにも裕福な人たちかもしれません。または奇妙なアクセントで話をする人たちかもしれません。外国の言葉で話す人たちなのかもしれません。とにかくいつでも「まあ、あの人たちには何か問題があるんじゃないか」という理由はあるものです。

しかし、たとえそうであったとしても。彼らはイエスをさし示すのです。

聞きやすい人でなかったとしても、耳を傾けるべきです。それは「あなたはイエスさまを愛していますか？」と聞いてくる、ごく普通の女の人、ごく普通の男の人かもしれません。そして、あなたは「もう、そんなことどうでもいいじゃないか」と言ってしまうのです。

よく聞いてください。

気づいてください。

それはとても権力のある人かもしれません。もしかしたら、法皇ご本人がイエスのことをお話しになるのかもしれません。そしてあなたは「ああ、全部が備わっているバチカンに住んでいるあなたが言うのは簡単でしょうよ」と言うのです。けれどもそれは関係ないのです。耳を傾けてください。

それはルールを全然守らないようなとても風変わりな人かもしれません。けれども誰かがあなたに「イエスに従いなさい」と言うなら、気をつけてください。その声をとても真剣に受け止めてください。

「見なさい！　見なさい。神の小羊だ！」

私たちはそれを見たり、聞いたりしないように幾千もの言い訳をすることができるでしょう。けれどもよく気をつけてください。

聞いてください。

もし聞かないなら、あなたはイエスを決して見つけることができないかもしれません。イエスを指差す人は、自分自身ではなくイエスをさし示しているのです。それを真剣に受けとめてください。

旧約聖書には、サムエルが神殿で寝ているとき、主が「サムエル、サムエル！」と呼ばれたと記されています。サムエルは祭司エリのところに行って、「私にはずっとその声が聞こえるのです」と言いました。エリは最初「寝床に戻りなさい」と言いますが、最終的に神がこの少年を呼んでおられるのだと気づき、「語っておられるのは神だ」と言いました。後になってサムエルがその声をもう一度聞いたとき、彼は「ここにおります。しもべは聞いております」と応答しました（サムエル記上三・一―九）。エリがいなければ、サムエルは神が自分に語っておられたことを知ることができなかったかもしれません。洗礼者ヨハネがいなければ、ヨハネとアンデレはイエスを見なかったでしょう。私たちは、私たちの人生の中にいる人びとに耳を傾けなければなりません。それが不完全な人であったとしても、極めて真剣に捉えるべきです。

問いかける

耳を傾けた後、私たちは問いかけをしなければなりません。

ヨハネとアンデレは、「どこにお住まいですか？」と聞きました。私たちがイエスについていきたいのであれば、イエスがどこにおられるかを知ることはとても大切なことです。それこそが私たちが本当に知りたいことです。

「主よ、どこにお住まいですか？　私たちはあなたとご一緒したいのです。あなたがどのような方なのかを知りたいのです」。

あなたはそれを問いかけなければなりません。私もそう尋ねなければなりません。問い続けるのです。

「主よ、あなたとご一緒にいるのはどんな感じなのでしょう。あなたについて行きたいのですが、私はまだわからないのです」。

問い続けるのです。

「私は、本当は私が好きではないことをやっている人びとを見たことはあります。あなたがどのような方なのか私が自分で見ることができるようにしてください。見せてください。どこにお住みなのですか？」

ここから私たちの祈りが始まります。私たちの祈りは、「主よ、あなたがどういう方なのかを感じさせてください。ある人たちはあなたのことをこう言い、他の人たちはあなたについて、こう言います。けれども、あなたが私にとって誰なのかを本当の意味でつかみたいのです」。問いかけることをおそれないでください。

イエスは言われます。「私はもはや、あなたがたを僕とは呼ばない。私はあなたがたを友と呼んだ。（父から聞いたことを）すべて、あなたがたには知らせたからである」（ヨハネ一五・一五）。私たちはこのことのために祈らなければなりません。「主よ、私はあなたのことを知りたいのです。あなたがどなたかを感じることができるようにしてください。そして、その経験をもとに語ることができるようにしてください」と祈りましょう。「私たちが聞いたもの、目で見たもの、よく見て、手で触れたもの」（Iヨハネ一・一）。それが、私たちの欲しいものです。私たちが見たもの、私たちが聞いたものについて、話をしたいという思いです。

とどまる

招きへの第三の応答は、とどまる、ということです。「ヨハネとアンデレは、四時になるまで午後中とどまった」のです。私たちはイエスと一緒に暮らさなければなりません。私たちは思い切って、イエスとただ一緒にいるべきなのです。静まって、動かずにじっとしてください。ただそこにとどまってください。ヨハネの福音書で、イエスはこのように言っておられます。「私はあなたと一緒に住みたい。あなたの友になりたいのだ。あなたはしもべではない。家族の一員だ。私のところに来て、ここにとどまりなさい。私と一緒に時間を過ごそう。一緒に住もう」。

イエスについていくことは、あなたが喜んで、こう言うことです。「これから半時間、私はイエスさまのところにとどまります。私は自分が気が散ってしまうことを知っています。たくさんの考えが頭に浮かび、しなければならないことも山ほどあります。けれども、私が落ち着かず、不安になったとしても、あなたが私を愛してくださっていて、招いていてくださることを知っているので、私はとどまります」と。

イエスと一緒にいて、耳を傾けてください。あなたを招いている方に耳を傾けてください。静まってください。小さい子が、お母さんやお父さんと一緒に家に住んでいるように。ただ、そこに住んでください。遊んでください。そこにいてください。一日のうちの半時間。それができますか？　三十分、できるでしょうか？　ただそこにいて、座って、何もしないでいることが。イエスと一緒に無駄な時間を過ごすのです。それが愛のすることです。愛は、いつでも愛する人と一緒にいることを求めるのです。あなたはそこにいるべきではないですか？　その時間を楽しんでください。「イエスさま、私たちがここにいるのは、すばらしいことです」（マルコ九・五）。

ゆっくりと、私たちは主の中に家を建てていることに気づき、主の家の中にいることに気づきます。たった三十分だけでなく、一日中ずっと、いつでも主の家の中にいるのです。どこにいても、何をしていても、主の場所にいるのです。私たちはもう我が家に帰って来ているのです。自分の家に帰る途中であったとしても、私たちは実はもうすでに我が家にいるのです。「忙しすぎる」と言わないでください。「もっと大事なことをしなければならない」と言わないでください。ただそこにいてください。毎日です。祈って、発見してください。私たちはこの嫌悪に満ちた競争的な世界の中に住みながら、我が家にいることができるのです。

耳を傾けて、問いかけて、そしてとどまってください。そうすれば、あなたはゆっくりとイエスの中で成長し始めるでしょう。

イエスについていくことは、誰か有名な人についていくことや何かの運動に参加することとは違います。

それはどういうことでしょうか。

多くの人びとは、物事や人に「惹き入れられ」たり、「そそのかされ」たり、「巻き込まれ」たりします。英雄崇拝とはまさにそのようなものです。私たちは歌手や映画スターに惹きつけられます。この人たちは、私たちを別の世界に惹き入れる力をもっていて、私たちはある意味、受動的に彼らに惹き込まれてしまいます。これはついていくこととは違います。人びとはその辺の英雄についていくのと同じようなことだと思うかもしれませんが、イエスが話しておられることは違うのです。

また、私たちは運動（それが良いものであっても）に魅了されてついていく者たちでもありません。人びとはよく私に「最近、はまっているものは何ですか？」と聞きます。「相互カウンセリングですか？『原初からの叫び』ですか？　総合心理療法ですか？　超能力？　知的分析ですか？　何に取り組んでおられるのですか？」。私たちはそのようなさまざまな運動から学んだり、魅力を感じたりします。けれども、福音書が語っているのは、全く異なる何かです。霊的な旅路は、英雄崇拝の状況に「惹き込まれ」たり、とても良い活動に惹きつけられることとは根本的に違うものなのです。

たくさんの興味深い活動があります。たとえば、癒しの活動、セラピー活動、などなどです。私自身もそのようなものに加わったこともあります。けれども、これらの別の形の追従の典型は、それらがたいてい「私」を中心にしているということです。もしあなたが英雄崇拝に惹き込まれているなら、あなたは自分自身の代理を探しているのです。何年も前にビートルズのコンサートに行った友人たちと話をしていて、あのリバプール出身の青年たちの前で、どんなに容易に自己を失ってしまうかを聞きました。友人たちは彼らの虜になって、自分がどこにもいなくなってしまいました。彼らはビートルズを介して存在していたのです。ある意味、自分たちを音楽やその人たちと融合していたのです。そのような活動に加わるとき、私たちはたいてい、内なる調和を探していたり、ある痛みに対する何らかの癒しや解決を求めていたりします。この活動やらあの活動やらが、私たちにさらなる感情的な調和や新しい内的融合をもたらしてくれたらと願うのです。

けれども、イエスが「私について来なさい」と言われるとき、それとはとても違うことが起こっています。私たちはついていくための別の道に入っていくのです。それは「私」から離して、神へと招く呼びかけだからです。それは神に私たちの存在の中心に入っていただくための呼びかけです。それは自ら進んで「私」という自己を手放し、次第に「はい、主よ、あなたこそがその方です」と言うようになることです。

これは自分探しの道ではなく、神にある存在という全く新しい道のために自分を空にすること、自分がそこを去って、場所を設けるということです。イエスの生涯は、どんどん自分をあきらめていくことでした。そのことによって神が完全に中心に来られるためでした。これこそが十字架だったのです。イエスが「私について来なさい」と言われるとき、イエスは「自分の場所を離れ去りなさい。母を、父を、兄弟を、姉妹を、家庭を、慣れ親しんだ持ち物を離れなさい。私の母、私の兄弟、私の姉妹、私の持ち物、私の世界というあなたの〝私〟世界を離れ去って、そして私について来なさい」と言っておられるのです。

イエスは「そこから離れなさい」と言われます。「神が中心に入って来られるように、私たちが中心から退くのです。

私たちは馴染みのある場所から離れて、神を見出すようにと招かれています。私たちは神を見出し、その神の中で私たちが本当は誰なのかを発見することができるということに信頼するようにと招かれているのです。強調は「私」ではなく、主に置かれるのです。

イエスについていくことは、私たちに呼びかける方に信頼し、自分の馴染みのある世界を手放して、新しい何かが来ることに少しずつ信頼すること、そのことに焦点を当てているのです。

私たちは新しい民になるでしょう。

私たちは新しい名前を手に入れるでしょう。


アブラムは神の呼びかけに答えて、アブラハムになりました。サウロはイエスに従って、パウロになりました。シモンはイエスについて行って、ペトロになりました。ペトロは自分の持ち物、古い世界を去って、神の世界に入り、神にあって自分が本当は誰なのかを見出しました。

あなたの新しい名前は何ですか？　私の新しい名前は何でしょう？

主イエスさま

今この瞬間、今日私の心を奪っているすべてのことを傍に置くことができるように助けてください。

私の周りに渦巻いている多くのおそれを取り除いてください。不確かな気持ちや低い自己イメージを取り除き、神の小羊であるあなたによって、私を形作ってください。

あなたの沈黙の中にさらに深く入ることができるように私を助けてください。沈黙の中で私はあなたに耳を傾け、あなたがどのように私を呼んでおられるかを聞き、あなたについていく力と勇気を見つけることができるからです。私と一緒にいて、あなたのみ言葉を聞き、あなたについていくようにという呼びかけの不思議さをさらに深く理解することができるようにお助けください。

今、そしていつも私と一緒にいてください。

アーメン

第2章

呼びかけ

「私について来なさい」

イエスが最初の弟子たちをお呼びになった物語です。

群衆が神の言葉を聞こうとして押し寄せて来たとき、イエスはゲネサレト湖のほとりに立っておられた。イエスは、二そうの舟が岸にあるのを御覧になった。漁師たちは、舟から上がって網を洗っていた。イエスは、そのうちの一そうであるシモンの舟に乗り込み、陸から少し漕ぎ出すようにお頼みになった。そして、腰を下ろして舟から群衆を教えられた。話し終わると、シモンに、「沖へ漕ぎ出し、網を降ろして漁をしなさい」と言われた。シモンは、「先生、私たちは夜通し働きましたが、何も捕れませんでした。しかし、お言葉ですから、網を降ろしてみましょう」と答えた。そして、漁師たちがそのとおりにすると、おびただしい魚がかかり、網が破れそうになった。そこで、もう一そうの舟にいた仲間に合図して、加勢に来るように頼んだ。彼らが来て、魚を両方の舟いっぱいにしたので、二そうとも沈みそうになった。これを見たシモン・ペトロは、イエスの膝元にひれ伏して、「主よ、私から離れてください。私は罪深い人間です」と言った。とれた魚にシモンも一緒にいた者も皆驚いたからである。シモンの仲間、ゼベダイの子ヤコブとヨハネも同様だった。すると、イエスはシモンに言われた。「恐れることはない。今から後、あなたは人間をとる漁師になる。」そこで、彼らは舟を陸に引き上げ、すべてを捨ててイエスに従った。

ルカによる福音書五章一―一一節

イエスは人びとに語っておられます。あまりにも多くの人がいるので、イエスは全員をよく見ることができません。イエスは少し距離をとって群衆全体を見ることができるように、また人びとがイエスを見ることができるように、一艘の舟の中に座らせてほしいとお頼みになります。

イエスが舟の中にいるところを想像してみてください。岸辺は群衆で埋まっています。あなたはその岸辺の群衆の中にいます。あなたはイエスの説教を聞いています。

イエスは何について語っているのでしょう。多くの機会に話されたのと同じように、あの王国について語っておられます。全く新しいあり方について説教をしておられます。イエスは貧しい人びとが祝福され、心優しい人が祝福され、嘆く人が祝福され、平和をつくる人が祝福され、義に飢え乾いている人が祝福され、迫害されている人が祝福され、心の清い人が祝福される王国について語っておられます（マタイ五・三－一一参照）。

この王国は何もかもがひっくり返っている場所です。底辺に生きる人びと、尊敬に値しないと思われている人びとが、この王国に招かれている人びとなのだと突然宣言されます。私たちの中の弱くて、壊れていて、貧しいものが、突然何か新しいことが始まる場所になるのです。イエスは言われます。「あなたの不完全さに目を向けなさい。あなたの罪深さに目を向けなさい。神の方を向きなさい。その王国がすぐそばにあるからだ。自分の壊れた部分が何を語っているかに耳を傾ける用意ができているなら、あなたの中に新しい何かが生まれることができるだろう」。

説教が終わると、人びとは私たちがよくするようなことをします。彼らはこう言います「さあ、行って、今までと同じことをしよう。よく知っていることを。今までいた場所に戻っていこうじゃないか」。しかしイエスは「漁のための網を捨てなさい」とおっしゃいます。

イエスは説教を始める前とまるっきり同じの、ごく普通のその日暮らしの生活には、お戻りになりません。イエスは古いあり方から新しいあり方へと、とても具体的に移るように願っておられるのです。けれども、弟子たちはまだ説教を聴く前と同じように話しています。

私たちが今日話すように。

最初に彼らはこう言います。「イエスさま、聞いてください。あなたは漁師ではありません。あなたはどうやって漁をするのかをご存じありません。あなたは説教家です。私たちは一晩中ずっと漁をしていて、普通夜の魚は昼間よりも水面近くを泳いでいるので、夜の間に何も捕れなければ、昼にはまったく捕ることはできないのです。もう一度やるなんて意味がわかりません。私たちの判断が間違っているとおっしゃるのですか？」。それから、いやいやひきさがって、「あなたがそうおっしゃるなら、わかりました。やりますよ」と言うのです。

弟子たちはごく普通の論理で応答します。彼らがいつもそうすることを私たちは知っています。パンと魚の物語を考えてみてください。五つのパン、二匹の魚。イエスは弟子たちに「五つのパンと二匹の魚を群衆に与えなさい」とおっしゃいます。そして、彼らはイエスに「数を数えられないのですか！　五つのパンと二匹の魚ではみなに食べさせることはできませんよ」と言うのです。それでもイエスは、「群衆を養いなさい」と言われます。（マルコ六・三八、マタイ一四・一七参照）

イエスは「網を投げなさい」と言われます。彼らはそうします。そして魚が捕れるのです。けれども面白いことに、自分たちに必要な分の魚だけが捕れたわけではありません。あまりにもたくさん捕れてしまうので、彼らは恥ずかしくなります。パンの時も同じです。イエスは、みながパンを小さな一切れずつもらうべきだとは言われません。いいえ、とてもたくさんパンが余っているので、彼らはどうしていいかわからないのです。この物語の中で彼らの舟は魚で満杯になり、彼らは恥入ります。そんなにたくさんの魚はいらなかったのです。普通の量で大満足したでしょうに。

イエスは人間の論理を真ん中から突破されます。そんなことに興味をもっておられないのです。イエスは現実を丸ごとあの王国へと移されます。突然、弟子たちはもうこの世界の論理の中にいなくなります。神の非論理の中に入っていったのです。彼らはすべての論理を超えていました。ペトロがそれをとうとう理解したとき、「主よ、私が間違っていました。あなたは漁の仕方を知っておられます」とは言いませんでした。彼は「主よ、私は罪深い者です」と言うのです。ペトロのこの応答はとても美しいものです。なぜなら彼は、今起きたことを自分が信用していなかったことに薄々気づいているからです。彼は主がその王国について、新しい世界の秩序について話されるのを聞いていました。けれども、彼は自分が全く聞いていなかったことに気づいたのです。彼はそれをそんなに真剣に受け止めていなかったのです。イエスのことをそれほど真剣に受け止めてはいなかったのです。けれども主が彼の論理を突破されたとき、ペトロは「私は罪深い者です。あなたに機会を与えたくないと思っていました。私はまだ自分のごく小さなプロジェクトを完成させようとして、自分のことを自分のしかたでやっているだけでした」と言うのです。

この王国の存在の中で、この新しい現実の存在の中で、ペトロは今の今まで自分が自己投資をしていたことに気づきます。「私が、私が魚を捕りたいのだ。だから、一晩中出ていたのだ」。彼は自分がやっていることは全部、自分のためだったことに気づくのです。ペトロだけではありません。弟子たちはいつもイエスの話を権力の観点、古い世界の見地から聞いています。それは福音書全体から聞こえてきます。

「あなたはとうとうローマ人を追放して、ここで力を表してくださるのですか？」「このことを組織化するおつもりですか？」

イエスはこれを突き抜けて、全く新しい世界を開かれます。イエスは言われます「私について来なさい。おそれることはない。私はあなたがたを人をとるようにする。私はあなたがたに完全に新しい生き方、あり方を紹介しよう」（マルコ一・一七）。

彼らは何もかもを後ろに残して、イエスについていきます。

人生の中で、私たちは自分の論理をしっかり握っています。イエスはそれを突き抜けて、新しいあり方を開きたいと願っておられるのです。けれども私たちは自分にそれが起こることをおそれています。なぜなら、もう自分でコントロールすることができなくなるからです。イエスが私たちの存在の中心に入って来られるとき、私たちは自分の将来に対するコントロールを失うのです。

私たちは、自分たちの全く知らない言語の存在する方角を信じなければなりません。イエスは「息」「いのち」「死」そして「真理」などという言葉を使われます。けれどもイエスはそこに新しい意味を吹き込まれるのです。弟子たちはそれを理解せず、混乱します。ただずっと後になって「霊」が来られたとき、これらの言葉の本当の意味が見えてきたのです。

私たちは呼ばれている

イエスは私たちに欠乏の世界と欠乏について考える道から出て、豊かさの世界と豊かさについて考える道へと移るようにと呼んでおられます。弟子たちは欠乏の精神をもっており、私たちも同じです。みなのために充分ではないので、自分の持っているものについて注意をはらわなければならないと考えています。私たちはおそれに満ちた人間です。とてもおそれていて、そのおそれがあらゆる仕方で私たちの中に忍び込んでくるのです。

私たちは自分たちをおそれています。他者をおそれています。神をおそれています。おそれは私たちの人生の隅々まで広がっています。おそれは私たちに欠乏の観点から考えさせます。それは私たちに「ここは危険な世界だ。どうやって生き残ることができるのだろう。みなのために充分ではないのだ。みなのために充分な食べ物がないし、充分な知識もない。充分な愛情もない。それなのに私は生きたいのだ！　私は確実に生きたい！　私は生き続けたい！」。これは、私たちの内にあるとても当たり前の応答です。

みなに充分ではないと心配するとき、私たちの最初の反応は、蓄え始めることです。パンや魚を蓄え始めるのです。名誉を蓄える。愛情を蓄える。知識を蓄える。アイディアを蓄える。

蓄え始めると、自分たちに敵がいることに気づきます。「あなたは私よりたくさん持っている」と言い出す人びとがいつでもいるのです。あなたは「わかっている。でも、緊急時のために必要なのだ」と答えるかもしれません。すると彼らは「でも私は今、それが必要なのだ。今、空腹なのだ」と返すでしょう。「今、それを知りたいのだ」「今、それを建てたいのだ」。

欠乏の精神によって考えるなら、私たちが蓄えたもののいくらかを欲しがる敵がいることに気づくようになります。私たちはもっともっと怖くなります。なぜなら、持てば持つほど、より多くの人びとが私たちの余剰分を欲しがるからです。余剰分が増えれば増えるほど、私たちは自分の蓄えの周囲にたくさんの壁を造ろうとします。

壁が高くなればなるほど、壁の外にいる想像の敵をおそれるようになります。私たちは想像の敵から自分たちを守るために爆弾を作り始めます。そうすると今度は、敵が報復のために造るかもしれない爆弾をおそれるようになります。充分に持っていないという欠乏の精神から出てくるおそれのために、私たちは自分たちが牢獄に閉じ込められていることに気づきます。

考えてみてください。あなたはどのように物事を握りしめますか。

たとえば、人間関係への執着はどうでしょう。

「この人は私の友人だ。私は彼を招かない。どうしてかというと、他の人たちは私のことよりも彼を好きになるだろうから。私は孤独になりたくないのだ」。

あなたはこの友人にすがりつき、手離そうとしないのです。

欠乏の精神は福音書の中にとてもはっきりと見て取れます。イエスは、神は豊かさの神だと言っておられます。イエスがおいでになる所はどこでも、ただいのちがあるだけでなく、いのちがたっぷりあるのです。

イエスはいのちを与えるために来られました。そして、そのいのちは充分ないのちです。私たちがお願いするよりもはるかに多くをもたらしてくださるのです。イエスはいつでも、私たちの期待を超えるものをくださいます。イエスが約束し続けておられる現実は、私たちが理解することすらできない現実です。イエスは永遠のいのち、真理、光、いのちについて語られます。

イエスの奇跡は、新しい現実のしるしです。イエスは言われます。「パンはどのくらい残ったか覚えているか？　あなたはまだ信じないのか？」。イエスはほとんど必死になって、このように言われます。「私を信頼しても大丈夫だということを、あなたにどうしたら信じてもらえるのか？」。復活の後でさえも、弟子たちは新しい現実を把握することができません。ペトロはこう言います。「漁に戻ろう。主は行ってしまわれた。もうすべて終わりだ」。彼らは漁に戻り、突然誰かが岸辺にいるのを見ます。そしてその人は「何か捕れたか？」と呼びかけます。彼らが「いいえ、なにも」と言うと、「では、網を右側にもう一度投げてごらん」。彼らがそうすると、突然あんなにたくさんの魚が捕れるのです。ヨハネがペトロの方を向いて、「主です」と言います。ペトロは湖に飛び込んで、イエスの方に向かっていくのです（ヨハネ二一・七）。

主は私たちが取り扱うことのできる以上のものをくださいます。弟子たちはついにそれを見せていただいたのです。たとえ弟子たちがその意味するところを完全に理解できなかったとしても、そのしるしはとても力強く、事実、彼らはとうとう網を置いてついていきました。

福音書に記されているように、イエスについていくことは、この豊かさの主についていくことへの招待から始まります。たとえこの聖なるもてなしの規模の大きさを完全に理解することができなかったとしても、私たちは主についていくように招かれています。

私が話していることをわかっていただけたらと思います。まさにおそれこそが私たちに、自分の立場や持ち物を握りしめさせるものです。持っているものをぎゅっと握りしめさせるのです。なぜなら、私たちは自分にとって必要なものを失うことがとても怖いからです。けれども、愛はおそれに打ち勝ちます。愛は手を放させるものであり、手を放すことによっていのちが増していく、ということに信頼するものです。いのちがさらに増えてゆくのです。

「私について来なさい。あなたの論理を手放しなさい。あなたの考え方を手放しなさい。あなたのおそれを手放して、新しく何かが起きるということを信頼しなさい。あなたは豊かさの王国、喜びの王国、平和の王国、自由の王国に入るだろう」。

私たちは「はい、でも聞いてください。あまり早く進むのはやめましょう。しっかりと地ならしをしましょう。自分たちが首を突っ込もうとしていることをしっかり見極めましょう」と言います。

私たちは完全には信用していないのです。

イエスは言われます。「私について来なさい。私を見なさい。魚を見なかったのか？　パンを見なかったのか？　あなたはまだ言い張っている。あなたはまだ闘っている。あなたは不幸せだと感じている。あなたは満足していない。あなたは怖がっている。あなたは自分で建てた牢獄の中にいる。あなたは心配している。そして私が『ついて来なさい』と言っているのに、あなたはまだ反論している」。私たちは「手放せるかどうかわからないのです。私は自分の持っているそれは知っていますが、愛は知らないのです」と言います。

私たちは痛みを知っています。けれども、愛にはあまり馴染みがないのです。私たちはどうするのでしょう。痛みを選ぶのです。私たちは自分のやり方にしがみつくのです。それを手放すということがどういう意味なのかわからないからです。「私について来なさい」は「そのおそれを手放しなさい」という意味です。イエスは、「神の国のことをまず考えなさい。そうすればあなたが心配しているそのほかのすべての事柄は、きちんと収まるのだ。なぜ、そんなに心配しているのか？　なぜ、そんなに夢中になっているのか？　なぜ、そんなに怖がっているのか？　私はあなたを自由にしたい。主についていってほしいのだ。その方のおられるところにいのちがあるからだ。私はあなたにいのちを与えたい。自分のことにしがみついているのなら、あなたには敵がいる。あなたには壁がある。あなたには死がやってくる。破壊や、戦争や暴力がある。けれども、私はいのちの主である。いのちを選びなさい！　私のいるところには豊かさがある。私を選びなさい！」。

私たちはどのように応答するのか？

手を放し、与えることによってです。五つのパン、二匹の魚。それは与えるときに増えるのです。みなのために充分なものがあるのです。私たちが握りしめているものはいつでも萎んでゆきます。けれども私たちが与えるものは、いつも増えるのです。それは偉大な不合理です。貧しい人たちは土地を所有するでしょう。自分の持っているものを与える人たちは、自分の与えたものが増えるのを見るでしょう。おそれをもって握りしめている人たちは、自分の目の前でそれが萎えてゆくのを見るでしょう。

これは私の人生に起こりました。私は、自分が友人にすがりついたり、ある考えに固執したりすると、心配で神経質になることに気づきました。どうしてしがみつくことを選ぶのでしょう？何か別のことをしようではありませんか。何かが起こるからです。全く新しい何かが。

イエスについていくという招きに対する私たちの応答は、とても現実的なものでありえます。私たちの応答は、「私」や「私のおそれ」から少しだけ離れて、主に向かって小さな一歩を踏み出すことです。

「ついていく」ということには、劇的な身振りはいりません。

私は大勢の人たちが、小さな答えをもう知っているのにもかかわらず、大きな質問を投げかけることに驚かされます。ある人たちは私に、「私は本当に何もかも捨てて、宣教に出なければならないのでしょうか？　イエスさまはそれを私に求めておられるのでしょうか？」と聞きます。「私は本当に家族や仕事を離れて、自分の持っているものを全部諦めて、イエスさまについていかなければならないのですか？」。私は、「どうしてそんな大きな質問をするのですか。あなたはただ単純に『私は自分の赤ん坊を怒鳴りつけることをやめると約束します。小さな一歩を踏み出します』と言うことができるでしょう」と答えます。

霊的生活のすばらしい秘訣は、あなたが大きな一歩が何なのかを知らなくても、もうすでに小さな一歩は知っているということです。小さな一歩を踏み出すために、大きな一歩を知る必要はないのです。一度に一歩だけ進めばよいのです。興味深いことに、主とふれあっている人は、その小さな歩みが何かを知っています。たとえば「私はあの人のことをこれからはあのようには話さない。ゴシップは言わない」と言うことができます。それは些細なことです。誰も気づかないことです。私たちはその人のことをまだ好きでないけれども、少なくとも、もうその人のことを悪く言わないのです。小さな一歩です。次の一歩は、その人に笑顔を向けることかもしれません。それから招待をします。気づかないうちに、私たちは友だちになっています。振り返ってみるときに、それは小さな一歩一歩がつながった長い旅路であったことに気づくでしょう。

歴史上の偉大な人物たちはみな、小さな一歩から始めました。アッシジのフランシスコは、突然自分の服を破り捨てて洞窟に移ったわけではありません。四年間の苦闘と小さな歩みがありました。彼は自分自身に「私はどのように考えるべきか」「どのように行動すべきか」と問いました。彼はそれを小さな歩みとして実行しました。私たちは彼の歩みの劇的な結末に焦点を当てますが、私が皆さんに注目してもらいたいのはそのことではありません。そこに至るまでの小さな一歩一歩に焦点を当ててもらいたいのです。

どうぞ注意をはらってください。あなたは今夜自分が何をすべきかをはっきりと知っています。明日何をすべきかも知っています。また、自分のする必要のないことも知っています。あなたが考え、話し、行動する中で忠実な一歩一歩を進めてゆくのなら、その小さな歩みが長い旅路になるということを信じなければなりません。あなたを呼ぶ声はだんだんと大きくなり、あなたは自分がどこに行くのかがわかるようになるでしょう。

それが簡単だと言っているわけではありません。

けれども私たちは、自分の踏むべき一歩一歩がすべて身近にあるということをなんとかして信じなければなりません。イエスは私たちにジャンプをするようにとは頼んでおられません。イエスは私たちにまず、とてもとても慎重に動くことを願っておられます。一歩一歩、そしてまた一歩と。

最初の一歩は、聞くことです。

二番めは「私のもの」から離れることです。私たちは決断を下そうとしているとき、「自分は生き残るための恐怖からこのことをおこなっているのか、それとも信頼の中で行動できるのか」と自らに問うことができます。私たちはいつ自分が恐怖心から行動しているのか、愛から行動しているのかがわかるようになるでしょう。いつも愛を選んでください。おそれから行動をしてはいけません。もう一度言いますが、それはごく小さな変化です。怖いからといって何かを話したり、物事を考えたりしてはなりません。恐怖の思いを考えることが、さらなる恐怖につながります。

イエスについていくことはおそれから離れること、そして愛に向かっていくことです。いつも、主に向かうのです

おそれから歩み去り、「愛であるお方」（Ｉヨハネ四・八）に向かって歩むことは、絶対に必要なことです。私たちは、豊かさの主から目を離さないでいなければなりません。イエスこそがいのち、それも豊かないのちを約束してくださっている方なのです。イエスは「あなたの人生を難しいものにしよう」とは言われません。イエスは分離することや手放すことをお話になりますが、それはもう少し後のことです。まず初めに、いのちに向かって移動することを語っておられます。イエスは「私について来なさい。そして、豊かないのちが約束されているその場所に目を注ぎ続けなさい」と言われます。

その場所に目を注ぎ続けるために祈りや黙想を用いるのです。

あなたが霊的な生活を成長させたければ、主をあなたの精神の中にとどめておきなさい。その

方を見るのです。

ロヨラのイグナチオは、「その人を見よ、その人に聞け、その人に触れよ、その人を味わえ、その人を嗅げ」と言うでしょう。そこにしっかりと留まり、馴染んでください。いつでも、「来て、味わいなさい」という招きのそばにいてください。なぜなら、もしあなたが本当に見るなら、本当に見回すなら、そして本当にイエスの美しさを親しく知るなら、この方の美しさそのものが、イエスの愛への招きであることを知るようになるでしょう。それは、イエスがそこから呼びかけておられる場所へ行くという招待です。そうすれば、たやすくなるでしょう。

おそらく「たやすい」という言葉はふさわしくないかもしれません。それは、私たちが「魅了されて」おこなうことです。霊的な生活は何かを諦めることではありません。何よりもまずその方についていくことです。最初からすべてのおそれを手放すということではありません。最初は愛に導かれるのです。主を、主の王国を、主のみことばを、そして主の福音を私たちの思いの中に保つなら、そしてそれが私たちの内なる空間となるなら、自分が何をすべきかを知るようになるでしょう。なぜなら、世界は私たちの周りにあるからです。私たちは主の家の中にいるのです。私たちは神と共におり、そここそがさまざまな決断を下すための正しい空間なのです。私たちの目の焦点が合っているからです。私たちはそこで神の美しさを知り、その場所にいたいと思います。私たちは本物の願いをもつのです。

私たちにはみな、独特の使命があります。私たちはみながついていくように呼ばれています。

その呼びかけに信頼することは、心躍ることです。

それを大袈裟に考えないでください。よく聴いてください。そうすれば、あなたは次にどのように動くべきかがわかるようになるでしょう。それをおこないたいという願望を経験するでしょう。なぜなら、それはいつもおそれから愛へと移る動きだからです。

「来なさい。私について来なさい」。

イエスについていくということは、無駄な放浪やただ座っていることから呼び出してくださる方の声に従うことです。イエスは「私について来なさい」と言われます。もし、それに耳を傾け、ついていくことを選ぶなら、私たちの人生は少しずつ焦点をもちはじめるでしょう。もう退屈ではなくなります。自分のエネルギーをどこに向けるべきかわかるようになります。何が大切で何がそうではないかを知るようになります。イエスについていくことは、「私」を手放して「他者」に向かって手を伸ばすことを意味しています。イエスについていくことは、敢えて自分から離れ、「自己」を建て上げることをゆっくりと手放していくことです。私たちを全く新しい存在の仕方へとひき出してくださる他者に導かれる、ということを意味しているのです。

ついていくということは、誰かの行動の真似をするとか、複製するということではありません。時々私たちは、誰かの言うことを真似して言ったり、誰かのやることを真似したりすることがあると思います。けれどもイエスについていくことは、イエスのやり方の真似をしたり、複製したりすることとは違うのです。

この違いを知ることは大事なことです。もし私たちが、誰かの模倣をするのなら、私たちはその人と個人的な、親しい人間関係を築いていないのです。私たちは自分が尊敬する人や憧れる人、自分と近くない人の模倣をするものです。

時には模倣はおそれの性質をもっています。

「彼、または彼女は、私のことを好きでないのかもしれない。だから彼や彼女のやり方を真似して、受け入れてもらおう」。

そこには内なる空間はありません。

誰かの模倣をすることは怠惰から生まれるものでもあります。

「私は彼や彼女のすることをやってみよう。でも、関わることはやめよう」。

他の人の真似をする人は、本当にその人と関わろうとはしません。内側の出会いは欲しくないのです。

その反対に、私たちがイエスについていくことについて話すとき、私たちは自分の心から生まれてくる動きについて話をします。それは人間の一番深い場所から生まれてくるのです。それは私たちの秘められた一番深いところにある自己と関係があるのです。イエスについていくことは、私たちが自分の人生を自分の霊や、自分の光や、自分の心で生きるのではなく、イエスの霊の中で、イエスの光の中で、イエスの心の中で生きることを意味しています。受け身的な模倣者になることではありません。そうではないのです。それは私たちが自分の使命を、自分への特別な招きを、全く新しい方法で発見することです。

イエスについていくことは、私たちの独自の形と肉体を神の愛にゆだねることを意味しています。

イエスについていくことは、イエスがご自分の人生を真に生きられたように、私たちも真に生きることを意味しています。それは自我を捨て去り、イエスが見せてくださったように、神の愛に従うことです。イエスについていくことには回心が求められます。新しい心と新しい精神が必要なのです。

イエスについていく人たちの中に同じ人は一人もいません。さまざまな個性に富んだ聖人たちを見てください。彼らは全員、それぞれ自分らしいスタイルで弟子となりました。キリスト者の生活の最も心躍る一面は、人を型にはめ込むことなく、神の愛がさまざまな形で受肉してくださる、バラエティーに富んだ人びとが創造されていくことです。

もしイエスについていくことが模倣であるなら、決して共同体は生まれないでしょう。共同体は異なる人びとが統合され、招きと一つになった集いです。とてもたくさんの方法でイエスについていくことができるからこそ、キリスト者の共同体の生命力が存在するのです。

私たちは皆、神の愛を異なる方法で映し出します。私たちは皆モザイクのようです。一つのモザイクの中で、ある石は明るく、別の石は金色で、ある石は小さいのです。近くで見ると、私たちは石一つひとつの美しさに見惚れるでしょう。けれども、離れてみると、小さな石すべてが美しいひとつの絵となり、石一つひとつでは語ることのできない物語を語るのです。異なる石が共に神のみ顔を世界に映し出すのです。

イエスについていくことは、イエスの呼びかけを自分への招きとして、きわめて個人的に聞くことです。それはイエスに表された神の愛への特別な証しをすることへの招きです。弟子になるにはたくさんの方法があります。そのようにして、神の愛が豊かに満ちていることが、キリスト者の共同体の中で見えるようになるのです。ある人にとっては、それは徹底的な貧困を意味しているのかもしれません。他の人にとっては結婚への忠誠を意味するのかもしれません。ある人にとっては、世俗世界での奉仕の生涯を意味し、別の人にとっては、瞑想と隠遁の生活かもしれません。私たちの個人的な応答がどのようなものであれ、それは愛の応答です。神の愛を可視化する方法です。すべての弟子がそれぞれ、神の愛の特別さを何かしら表しているのです。

弟子になること――神の愛を表現すること――には、たくさんの形があります。ある人びとは情熱的な愛の人です。他の人は、憤りの愛をもっています。彼らは、不公正があるとすぐに駆けつけます。他の人はとても優しい愛をもっています。彼らは歓迎の光を輝かせています。深く隠された静かな愛をもっている人たちもいます。

愛にはあらゆる形があり、私たちにはそれぞれ自分のやり方があります。神の愛があまりにも豊かで広いので、それを見えるようにするためには多くの人びとが要るのです。そのたくさんの愛の形が互いを支え合うのです。

主イエスさま

あなたの道の不思議の中に入っていくため、あなたのもとにまいります。それは弟子となる道、十字架から新しいいのちへと導く道です。それはたやすい道ではありませんが、平和と喜びの道です。苦しむことに対して開かれた心と、理解することに向かって開かれた精神、従う準備のできた意志をもって、この場所にいることができるように、私をお助けください。

多くの苦しい戦いがあり、私はいつもたくさんの闘いをすることでしょう。けれども、主よ、あなたと共に私は光の中を生きています。あなたと共に、主よ、私は、さらにさらに、いのちに向かって進んでいます。主よ、私はあなたと共にいる時に安全だということを知っています。

どうか私の人生を感謝の霊によって祝わせてください。私がここにいることを感謝します。そして、あなたが私の神であることを感謝します。

アーメン

チャレンジ

「あなたの敵を愛しなさい」

「しかし、聞いているあなたがたに言っておく。敵を愛し、あなたがたを憎む者に親切にしなさい。呪う者を祝福し、侮辱する者のために祈りなさい。あなたの頬を打つ者には、ほかの頬をも向けなさい。上着を奪い取る者には、下着をも拒んではならない。求める者には、誰にでも与えなさい。あなたの持ち物を奪う者から取り戻そうとしてはならない。人にしてもらいたいと思うことを、人にもしなさい。自分を愛してくれる人を愛したところで、あなたがたにどんな恵みがあろうか。罪人でも、愛してくれる人を愛している。また、自分によくしてくれる人によくしたところで、どんな恵みがあろうか。罪人でも同じことをしている。返してもらうことを当てにして貸したところで、どんな恵みがあろうか。罪人でも、同じだけのものを返してもらおうとして、罪人に貸すのである。しかし、あなたがたは、敵を愛し、人によくしてやり、何も当てにしないで貸しなさい。そうすれば、たくさんの報いがあり、いと高き方の子となる。いと高き方は、恩を知らない者にも悪人にも、情け深いからである。」

ルカによる福音書六章二七－三五節

「あなたの敵を愛しなさい」。これはおそらく、キリスト教のメッセージ全体の最も中心にある使命でしょう。これは新約聖書が本当に新しいということを正確に捉えている箇所です。それはイエスを通して歴史を突破する考え方です。イエスが提示する私たちへのチャレンジです。けれども私たちは愛とは何かということについて、とても貧弱で、やや歪んだ見解をもっています。敵を愛することについて語ろうとするなら、私たちはまず自分の友を愛することから始めなければなりません。

自分がどのように人生を生きているか、また他の人たちがどのように生きているかを考えるとき、私は自分が途方もないほど貧しいのだということに驚かされます。私は愛情を欲していま す。私は注目してもらうことを必要としています。私には肯定感が必要です。私は賞賛が必要です。影響力や権力、そして成功が必要です。それらの欲求がどれほど強く私の中にあるのか、また、どれほど強く他の人びとの中にあるのかを感じます。

事実、それはとても強いため、私たちはしばしば自分の生活を、それらを満足させるために構築していることに気づきます。そのように生きることには悲劇的な性質が伴います。あなたもそれに気づいているかもしれません。ひとつの欲求が満たされた途端に、それが充分でないことを発見するのです。私たちが祈り願っていた賞賛を手に入れて、誰かが「あなたは私が今まで出会った中で一番美しい人だ」と言ってくれたとします。すると、私たちは心の中で「それは本当かしら。彼女は誰にでもそういうのではないかしら」と思うのです。あるいは、誰かが「あなたは素晴らしい。あなたがしたこと、あなたがプロデュースした映画、あなたが書いた論文は素晴らしい」と言ってくれたら、私たちは不安になるのです。なぜなら、今度はその期待に沿うように生きなければならないからです。人びとは有名になればなるほど神経質になります。自分たちが注意深く建て上げたものを失うのが怖いのです。

私はサンフランシスコやロサンゼルスで、映画の製作者や芸能人たちと時間を過ごしました。そこで誰もがいつも自分がどんなに偉大か言ってもらいたいという必要性に迫られていることに驚きを感じました。その欲求に終わりがないかのようでした。素晴らしい人だと言われても、それでは充分でないのです。アカデミー賞やその他の賞を受賞し、成功の頂点にいた人たちですら、まだ幸せではありませんでした。彼らはまだ充分な肯定感を受け取っていませんでした。「あなたは誰よりも素晴らしい」と言われても、彼らは「今日そう言ってくれても、明日はどうなるんだい」と答えるのです。

とてつもなく称賛され、莫大なお金を稼いで、数々の賞を受賞し、成功と喝采を受ける人たちでさえ、深く落胆していることもあるのです。近寄って、彼らの風船を針でちくっと刺して割ってしまえば、彼らも他の誰とも変わらずに不安だということに気づくでしょう。あれだけの富や成功や称賛のもとで、彼らはまだ、「私のことを愛している?」と聞く小さな人間なのです。

成功の頂点にあって自殺をする人びとのことを耳にします。あなたは「どうしてそんなことが起こるのだろう。彼らは裕福で有名で、成功しているのに」と問い、その人があまりにも張り詰めた生き方をしてきて、耐えられなくなったことに気づくのです。

私たちの欲求は膨大です。多くの人たちの愛情や成功への欲求は非常に深いものです。それがどれほど強いのか驚くほどです。私は、人びとが本当に私のことを好きなのか、私のすることが好きなのかを考えます。それはとても悪いことです! 私はそれから逃げることができないのです。私は謙遜についての説教をしながら、自分に問う最初の問いは、人びとがそれを気に入ったかどうかなのです!

どうして私たちはそんな欲求に駆られているのでしょう?

その飢えはどこからくるのでしょうか。

それは、傷ついた経験からです。私たちは傷ついた人びとです。私たちは自分の価値を問わなければならないほど傷ついてきたのです。私たちは自分自身に対して不信感があります。私たちは、「自分は存在する価値があるのだろうか?」「私は人類に貢献をしているだろうか?」「私は何かに属しているのだろうか?」と問うのです。

このような表現はしないかもしれませんが、どこかで私たちは拒絶されていると感じています。どこかとても深い場所で、自分は受け入れられていないと感じています。私たちは自分の母親や父親、兄弟、教会、または学校を指さして、「私は自分に起きたことをとても怒っている」「父親がいつも私を貶めたので、今でも私は自分を大切にすることができないで苦しんでいる」「母は私より他の子たちが好きだったので、私に大きな愛情をもってくれなかった」「教会は私が自分のことを悪く思うようにさせる」と言います。

傷ついた感情のため、私たちはとても飢えた状態に陥ってしまうのです。私たちは「自分はだいじょうぶだ」という最終的な感情を必死に探しています。私たちは自分が受け入れられていないと深く感じているからです。私たちは特定の出来事や人びとをさして責任を負わせようとしますが、心の中では別の説明があることを知っています。

この欲求には問題があります。それは暴力的になり得るからです。孤独や自己不信、内側の苦痛があまりにも大きくなってしまい、他の人たちに無理やり私たちを愛させようとしてしまうのです。「どうか私を愛してください。どうか私がだいじょうぶだと言ってください」。すると本来愛情の表現であるべきことが、自分本位の要求になってしまいます。あまりにも多くの肯定感を必要としている人たちが住む世界では、人びとは自分の欲求のために、奪い取り、噛みつき、平手打ちをし、殴り始めます。刑務所は、ただ注目を集めたかったがために、それが最も否定的な種類のものであるにもかかわらず、犯罪に走った人びとでいっぱいです。

私たちの欲求は傷につながります。私たちは自分の欲求によって人びとを傷つけることがあるのです。なぜなら、その人たちがもっていないものを与えるようにと無理強いすることがよくあるからです。私たちは人びとを無理やり私たちのための神にしてしまいます。他の人たちを神とするとき、私たち自身が悪魔となってしまいます。そこに苦しい戦いがあるのです。欲求が傷につながり、傷が新しい欲求を生み出すというくり返しです。もし私たちが、「私の欲求はどこからきたのだろう?」と問うなら、私たちの傷は過去に誰かが私たちを傷つけたことからきたのであり、その誰か自身も、とても飢えていたのだと気づくでしょう。

それに応えて、私たちは「私は自分の欲求を絶対にそのように取り扱ったりしない」と言うかもしれません。私たちは誰も傷つけたくないからです。けれども知らぬうちに、自分の子どもたちが「私はあまりかまってもらえなかったように感じる」と言うのです。あるいは、友人が「君にはがっかりしたよ」と言うのです。また、パートナーが「あなたは私の本当に必要なもの全部を与えてくれない。こんなに長い間の結婚生活の中で、まだ私たちの間には満たされない場所があるのに」と言います。そこには大きな痛みがあります。なぜなら、私たちによって傷つけられたと感じている人たちは、私たちが深く愛している人たちだからです。どうしてか、私たちはそれを避けることができなかったのです。私たちはそのことを悲しく感じます。傷と欲求の絡み合いのネットワークが未来にまでも続いていることをみるのです。

けれども、私たちが経験するその傷とは、正確には何なのでしょうか。傷ついた人というのは、自分が拒絶。その傷は、充分に深く愛されていないという経験です。

人間のこの状態に対して、イエスの言葉は真っ直ぐに語ります。イエスは私たちを縛り付ける鎖から解放したいと願っておられます。私たちが誰かに愛を与えたり、誰かから受けたりすることのできる前から、私たちがずっと愛されていたことを表すことによって、私たちを自由にしたいと願っておられます。イエスは「初めの愛」を明らかにするために来られました。私たちはその「初めの愛」を知るためにイエスによって招かれているのです。

その「初めの愛」は、「私はあなたが誰かを愛したり、誰かから愛を受けることができる前から、あなたを愛していた。あなたは受け入れられている。母親や父親、兄弟や姉妹、学校、教会、社会がどんなことをしても、あなたは愛されている。あなたは私の愛から生まれたのだ。私はあなたを愛しているから、あなたに息を吹き込んだ。あなたを愛しているから、私はあなたに語りかけた。あなたは私の愛の受肉であり、私には憎しみはない。復讐もない。恨みもない。あなたを拒絶したいと願うことは何一つないのだ。私はあなたを愛している。この愛に信頼できるか？」

この原初の愛は、原初の祝福です。

この原初の愛は、原初の受容です。

原罪を語ったり、原初の拒絶を語ったりするずっと前に、私たちは神の原初の愛を語るべきです。

神の愛が、私たちが互いに愛し合うことができるようにするのです。「初めの愛」こそが、すべての創造的人間関係の基盤です。私たちがお互いに向けて、お互いの間に、お互いと共に見たいと願うものは、この愛なのです。

イエスは言われました。「互いに愛し合いなさい。なぜなら、私があなたをまず最初に愛したからだ」。

霊的生活の全体は、この「初めの愛」にふれる場所にくる生活のことです。この「初めの愛」の場所にふれるや否や、私たちはゆっくりと、私たちを閉じ込めている欲求や傷の鎖から自由になり始めます。

実に霊的生活とは、私たちを自由にすることを願っている生活なのです。愛するための自由を、です。

イエスは、その足に香油をそそぎ、自分の髪の毛で香油を拭う女性に会います。イエスは、彼女が多くの罪が赦されたことは、彼女の愛の大きさでわかると言われます（ルカ七・三六—四八）。この言葉は、どれほど自分が愛されているかということを彼女が理解していたことを意味します。そしてその理解によって彼女は自由になり、心のすべてでイエスを愛するようになったのです。

この「初めの愛」にふれるようになるとき、私たちは条件や限界なしに完全に愛されていると感じる自分の存在の中心にふれるようになります。この「初めの愛」にふれるとき、私たちはなんの見返りを求めることなしに、人びとを愛する自由をもつのです。

これは全くこの世的な愛ではありません。この世的な愛は取り引きです。この世的な愛に取り引き的な性質があるからこそ、人びとはいつも問題の中にいるのです。人びとは何かを与えるとき、何かの見返りを求めます。そこから対立が生まれるのです。敵意が生まれるのです。怒り、嫉妬、恨み、そして復讐がそこから出てくるのです。すべての人間のカオスがこの愛の理解から出てくるのです。

イエスは「報いを求めずに与えなさい」と言われます。（ルカ六・三四—三五）

イエスは私たちに、他の人に良いことをして、「いえいえ、何もお返しをしなくていいのですよ。私はただ惨めなままでいますから」というマゾヒストであって欲しいとは願っておられません。

そうではありません。イエスは、「あなたは小さな報酬のことなど考えもしなくていいほど、たくさん愛されている」と言われるのです。

私たちはどうやってこの愛を知ることができるのでしょう?

祈りによってです。この「初めの愛」をもう一度知るために、「初めの愛」が私たちにふれてくださるように、と祈らなければならないのです。

私たちは、頭でだけでなく、心で、そして私たちの存在の中心で、自分が充分に愛されていることを知るために祈るのです。これが祈る理由なのです。私たちがこの世界を歩き回ってもそんなに必要に迫られず、他の人たちを傷つけず、与えても報酬を求めることのないように、祈るのです。私たちは自由になるために祈るのです。

もしこのことに本当に耳を傾けるなら、本当に私たちの肝に銘じるなら、私たちは正しい方向に向かっていくでしょう。なぜならこれこそが、イエスが私たちにチャレンジを与えておられることだと、私は思うからです。

イエスについていくことは、他者を傷つける貧しい傷ついた愛でではなく、神の原初の愛で、互いを愛し始める人生を生きることを意味しています。原初の愛は、友だちと同じように敵を愛する力のある愛です。それは私たちを「悪人にも善人にも太陽を昇らせ、正しい者にも正しくない者にも雨を降らせてくださる、天におられるあなたがたの父の息子たち、娘たちとする」(マタイ五・四五)神聖な愛です。

どのようにしてこの神聖な愛に与ることができるのでしょうか。結婚や友情、そして共同体についての考えを探りながら、その問いに答えてみましょう。多くの人にとって、人間関係は最も大事なものであるにもかかわらず、一番の元凶になり得ることを私は感じています。

友の愛

結婚はしばしばこのように進みます。「私はあなたを愛している。あなたは私を愛している。あなたは魅力的な人だと思う。一緒になろう。私たちはとても馬が合う。一緒に住んでみよう。そうしたら、たぶんチームになれるかもしれないし、もしかしたら、結婚することすらできるかもしれない」。

何年後かにどちらかが、「あなたのことを本当に知りたい。まだ私に自分のことを全部教えてくれていないような気がする」と言い出し、相手はこのように言うかもしれません。「私はとても一所懸命に努力しているし、共有できることは全部共有してきた。与えられるものは全部与えてきた」。すると他方は「私はあなたといるとても寂しく感じる。どうしてかわからないけれど、あなたは私たちの結婚を真剣に捉えていない」。そして、ストレスと緊張感が増して、どちらかが言うのです。「私たちは少し距離をおくべきだ」。すると、片方が「もう一回頑張ってみよう。誰かに助けを求めるべきだ」。

これはこのような種類の愛に対する絶望の一種です。私たちはお互いに相手にしがみつき、互いの要求が重苦しくて死に物狂いの様子を帯びてくるのです。

私たちは愛が人間関係に始まり、人間関係に終わると考える傾向があります。聖書のみことばによると、それは真実ではありません。他者への愛は、私たちの神との関係から始まるのです。

私たちは他者を愛することができます。私たちの心の奥に住む「私」が、神の無条件で無限の愛である「初めの愛」を聞いたからです。私たちが関係を築こうと近寄るとき、私たちは他者もまたこの「初めの愛」によって愛されていることを認めます。この「初めの愛」は各人にそれぞれ異なるしかたで受肉し、私たちが新しい家庭や、新しい共同体、神のための新しい宿り場をこの世界の中に築くように招くのです。これが結婚です。これが友情です。これが共同体です。人の間の真実の関係は、神をさし示すのです。

聖書は人間関係が、それが友情であれ、結婚であれ、共同体であれ、二人の人間がそれぞれ自分が抱えることのできないほどの偉大な愛に属しており、二人ともがそれをさし示していることを発見することだということを意味していると語っています。

人間関係は自分を指さすことから離れて、私たちを抱きしめてくれる、より大きな愛をさし示すのです。結婚では私たちはこのように言います。「私たちが絆を結ぶのは、自分たちが良い人間関係をもっているからではなく、この世界に神の愛を見せる新しい方法として、神が私たち二人を招いてくださったことに気づいたからです。一緒になり、家庭を築くことによって、私たちは新しい人びとを受け入れることができ、温かくもてなすことができます。子どもたちや友だちのための場所をつくることができます。それは、私たちが一緒になるように招いておられる方をさし示す場所です」。

結婚は二人の人が互いを愛するあまり互いの中に神を見出すことではなく、神が二人をとても愛しておられるからこそ、神のご臨在を思い出させるための生きた証しとして互いを発見することなのです。

結婚は、神が私たちをとても愛しておられるため、私たちの互いへの献身によって、神のご臨在が、いま・ここで、どのように見えるようになるのか、ということを共に発見することができる神秘です。私たちが貞節を守ることができるのは、変わらないでいるからとか一緒にいるからでも、相性がいいからとか共通の人生のゴールがあるからでもなく、神が私たちを「初めの愛」の中に共に抱いていてくださるからなのです。

別の言い方をさせてください。イエスが私たちに表してくださっているように、愛は人と人の関係です。人間 person という言葉は素晴らしい言葉です。それはラテン語の per という言葉「〜をとおして」と sonare「響く」という言葉からきています。人間はその存在をとおして響くのです。

私たちはいったい何を響かせているのでしょうか。私たちは自分で抱え込むことができないほど偉大な愛を響かせているのです。私たちが誰かに「あなたを愛している」というとき、その言葉の本当の意味は「あなたは私が神の永遠の愛を垣間見ることができる窓だ」ということです。もし私たちが「あなたを本当に愛している」と言うなら、それはその人が私たちの必要なものをすべて与えてくれるという意味ではなく、「あなたは、私が心の奥でもうすでに出会っている神に私がふれることができるようにしてくれる。あなたは私が心の中にもっているその愛を響かせてくれている。私はあなたに向けて、あなたがもうすでに心の中で知っているその愛を響かせている」という意味なのです。これが親密な関係の本質です。

男性と女性、男性と男性、女性と女性、そして共同体の人びとの間にある愛は、永遠で無限、無条件の神の愛を互いに響き合わせている人びとの間にある愛です。壊れていて限界のある人間である私たちは、無限で無条件、そして壊れていない神の完全な愛を見せる窓なのです。

ある人びとは、「私たちは他者の中に神を見なければならない」とか、「世界の中に神を見なければならない」と言います。私は世界の中に神を見ることはできないと思います。私、ヘンリー・ナウエンには、全く見えません。けれども、もし私が神を私の心の中に、私の一人の場所の中に発見しているなら、その私の内におられる神が、あなたの中におられる神を見出すのです。それは全く違う見方です。私たちが共に同じ神に愛されていることを発見するなら、神が招かれるどんなしかたによってでも、一緒にその愛を祝うことができるのです。

「初めの愛」を知っており、神の家に宿るなら、私たちの中におられる神の臨在が、他者の中におられる神の臨在を認識することができるのです。逆に言えば、私たちの心の中に悪魔がいるのなら、私たちは自分の周り全体に悪魔を見るでしょう。私たちの中に暗闇の力があるのなら、あらゆる場所で暗闇の力を見ることでしょう。暗い心をもつ人びとは暗い心をもつ他者を見るでしょう。暗闇は暗闇に向かって語りかけます。邪悪は邪悪に向かって語るのです。けれども、愛は愛に向かって語りかけ、神は神に向かって語るのです。

キリスト者の生活は、弟子としての生活の中でイエスについていくことです。それは私たちの互いへの愛によって、神の愛がどのようにして、いま・ここに、見えるようにされているかを発見することです。友情、結婚、そして共同体はみな、すべてを抱擁する神の原初の愛を互いに表すための異なる道なのです。

敵の愛

敵への愛は聖さの規準であると言われてきました。それは本当です。もし私たちが敵を愛するなら、私たちは聖さへ向かっている途中です。ギリシアのアトス山に住んだ有名な正教会の修道僧の一人であるスタレツ・シルアン（一八六六－一九三八年）は、そのことを言い続けました。

彼は、「あなたが敵のために祈るなら、平安があなたにやってくるでしょう。そしてあなたが敵を愛するとき、恵みがあなたに神聖な愛をもたらすことをしっかり覚えておきなさい」と言いました。

敵への愛はイエスのご生涯の最も強い性質です。イエスが十字架の上で語られたことを覚えているでしょう。「父よ、彼らをおゆるしください。自分が何をしているのか分からないのです」（ルカ二三・三四）。キリスト教の最初の殉教者である聖ステファノを覚えているでしょう。彼は死に際に、神に敵のゆるしを願いました。彼は、「主よ、この罪を彼らに負わせないでください」と言いました（使徒七・六〇）。ゆるしの言葉を語るとき、敵への愛が目に見えるようになるのです。

敵とは何か？

敵とは、私たちが自分の味方をしてくれる人とは対照的に、私たちに反対する存在だと、私たちが定義した人のことです。私たちの多くは、世界を、自分の味方をする人たちと反対する人たちに分けるという奇妙な必要性をもっています。

さらに奇妙なことに、私たちのアイデンティティーが敵をもつことに依存していることがよくあるということです。私たちは敵なしに存在しないのです。自分が反対するものによって、自分自身を定義づけするのです。私たちは敵を定義し、その敵は私たちを定義するために存在しているのです。

このような種類のアイデンティティーは、人びとが私たちに向かって言うことやおこなうことが自分なのだという大きな幻想の上に成り立っています。この大きな幻想は、私たちのアイデンティティー、自分らしさが、友だちや敵に依存しているということです。私たちのことを好きな人か嫌いな人によって左右されてしまうのです。これは大変なまやかしです。

福音書の良い知らせは、神には敵がいないということです。福音書は私たちに、神はすべての人間を同じように、同じ徹底的な愛で愛しておられると語っています。神の愛は、「善人のみならず、悪人にも」ふれるのです（Iペトロ二・一八）。「雨は善人の上にも悪人の上にも降る」のです。神は区別をなさいません。神の愛は普遍的なのです。

私たちはチャレンジを受けている

もし、私たちが自分の傷ついた貧しい愛によってではなく神の愛によって、互いに愛し合いたいと心から願うなら、自分の敵を友だちへと変えていくようにと、何度も、何度も、何度も、招かれていることに気づくことがとても大切です。

敵を敵とするのは、彼らを神の愛から除外する私たちの仕業です。神の愛で愛するなら、私たちはもう神の愛に値する人と値しない人を分けることはできなくなります。神の「初めの愛」を知るようになるとき、その愛から除外される人はいないのです。

マーティン・ルーサー・キング・ジュニアは「愛こそが、敵を友に変えることのできるただ一つの力です。その本質上、愛は創造し、建てあげるのです」と言いました「そうです。私たちの世界と文明を救うのは愛、私たちの敵すら愛する愛です」。

アブラハム・リンカーンは、「敵を自分の友とすることができたとき、私は敵を滅ぼしたと言えるのではないか？」と言いました。

これらはとても力強い言葉です。

事実、私たちは同胞である人間を神聖な愛、神の愛で愛するようにと招かれています。「あなたがたは、天の父が完全であられるように、完全な者となりなさい」（マタイ五・四八）。「自分を愛してくれる人を愛したところで、あなたがたにどんな恵みがあろうか。罪人でも、愛してくれる人を愛している。しかし、あなたがたは、敵を愛し、人によくしてやり、何も当てにしないで貸しなさい」（ルカ六・三二、三五）。

神が愛するように人びとを愛しなさい。そうすることができるのは、私たち自身が神の愛にしっかりと根ざしているときです。

少し考えてみてください。敵とは私たちを最終的に破壊する存在です。敵を憎むには代償があるのです。私たちは敵が私たちに対して威力をもつことを許してしまうことが多々あります。

私も自分の人生において、私の好きでない人たちが私に対して威力をもっていることに気づきました。なぜなら、私がその人たちのことをいつも考えているからです。彼らは私の頭を一杯にして、私の考えをコントロールするのです。私は自分が嫉妬し、恨みがましく、そして復讐心に燃えていることに気づきます。私は平安をなくしてしまいます。その人びとを自分の敵としてしっかりと握っているからなのです。

自分の敵を愛することは、自分の敵から自由になる道です。手を離し、彼らを愛し、彼らのことを心にかけることによって、自分を自由にするのです。

敵を愛し、赦すことによって自分の心から敵を出て行かせたときに、私たちは突然自由になり、あの無限で、すべてを抱く神の愛を私たちの中に注いでいただくことができるようになります。それは最も美しいことです。私たちは敵をゆるすたびに、新しい人間になります。私たちが自分の内にいる、おそれを握りしめた怒りの人を手放すからです。

私たちの信仰の核心は、自由な人びとになることです。それは、私たちが自分の敵に与えてしまった威力からの自由、そして神聖な愛で一人ひとりの人間を愛する自由です。その神聖な愛は、いつでも七の七十倍の回数ゆるす愛です。

私たちが神の愛を完全に見ない限り、敵は敵として残ります。嫌悪や拒絶、嫉妬、恨みの気持ちは、私たちが自分で建てたおそれの牢獄に私たちを閉じ込めます。自分でつくりあげた敵の被害者となってしまうのです。けれども、私たちがゆるすことができるたびに、そして、もうこれ以上、他の人によって自分を支配者や誰かの敵として定義づけることをやめるたびに、私たちは神の家の奥深くに入っていきます。そこは「愛の家」です。敵への愛が、私たちが神を「初めの愛」の神として知るための道となるのです。

敵を愛するというイエスのチャレンジに私たちはどのように応答することができるのか？

私たちにできるとても具体的な方法が二つあります。

あなたの敵のために祈りなさい。

人は、自分の好きでない人びとのために祈ることにあまり興味をもちません。けれどもやってみてください！　あなたの好きでない人びとのために祈りなさい。大変な努力がいることでしょう。

「イエスさま、あの大嫌いな人のために祈ります」。

敵は内なる存在なので、私たちは自分のとても深い部分と向き合っていることになります。

それはとても大事なことです。祈りの場所に行って祈りなさい。あなたの敵のために祈りなさい。そうするときあなたは神の愛を行動に移しているからです。

敵への祈りは、人類という家族の根本的な一致についての新しく神聖な知識への道を開くことができます。

ゆるしと奉仕の具体的な行動をとりなさい

キリスト者の共同体のメンバーたちが、それが結婚であれ、友情であれ、より大きな共同体であれ、その生き方として告白とゆるしをおこなうことができるなら、共にいることができます。物事に対してあなたの気分が良くなるまで待っていてはいけません。そうではないのです！あなたの気分が良くないときにこそ、それをおこなうべきです。感情に先立って行動しなさい。あなたが何をするかを、感情に決めさせてはいけません。

私たちは神の愛の知識をもっています。私たちは、神が私たちを愛しておられるのと同じほど、その人を愛しておられることを知っています。神が私たちを愛しておられるのと同様に、深くその人を愛しておられることを知っています。私たちはそれを信じないかもしれませんが、それはどうでも良いことです。私たちは自分の感情が揺れ動いているときでさえも、具体的なゆるしの行動を起こしていくのです。

あなたの感情が傷つけられる前から存在していた「初めの愛」の知識に戻るのです。ゆるしの行為は、あなたの人生のすべてを揺るがすことになるでしょう。

私たちは自分の嫌いな人に話すときに、どのような言葉を選ぶでしょうか。私たちはまだ怒りや傷に満ちています。けれども何も報いがなかったとしても、その人とのつながりを修復したいということを示唆する言葉をいくつか語ることができます。私たちは神が私たちを愛しておられるのと同じように、その人のことを愛しておられることを知っています。その真理、真の啓示を私たちの心に言い聞かせましょう。敵を愛することは、そこから始まるのです。

敵を愛することは、私たちの知識の方向に向かっていく、小さな、具体的な、何らかの行動から始まります。私たちの感情の方向から始まるのではありません。私たちは自分が知っていることに従って動き始めることができます。私たちは神が私たちを愛しておられることを知っています。私たちが知識に信頼することができると、感情が少しずつ追いついてきます。感情は知識についてくるのです。あまりにも感情が支配しているこの世界の中で、これは覚えておくべき大切な霊的な真理です。

このことを考えましょう。私たちはどのようにして神の愛の中で成長し、その神聖な愛をもって互いに愛し合うことができるのでしょうか。

イエスについていくことは、「あちらこちら放浪する」ことや「ただ座っている」ことから離れていく動きです。私たちの多くは、肉体的にも精神的にもいろいろな方向にたくさんの放浪をしたり、あるいは人生をどうしたらよいのかわからずにただ座っているだけ、という人生を送っています。そこにはある種の疲労があります。イエスについていくことは正しい方向に動いていくことです。突然私たちは、自分がどこにいくかがわかるようになり、生活がもっと規則正しいかたちになり、さらに焦点が合うようになるのです。

また、イエスについていくことは、ある種の（たとえそれが良いものであっても）活動に惹かれるということではありません。それは私たちの感情的な生活に役立つ、とてもよい活動かもしれません。けれどもイエスについていくことは、ただ私たちの感情や自己をうまく取り扱うための方法を見つけることではありません。それはまさにこの世的な自己を手放して、イエスの中に真の自分を見つけることなのです。

そして人気のある意見とは違って、私たちはイエスの真似をするために招かれているのではありません。私たちは異なるかたちをとおして、イエスの素晴らしい愛を反映する人びとの共同体をかたちづくるために招かれているのです。誰一人として、その愛を完全に反映することはできません。ですから、イエスについていくということは、私たち一人ひとりにとって異なることを意味しています。これを追求していく中で、いろいろな種類やかたちがあります。キリスト者の共同体のワクワクするところは、私たちには弟子になるためにとてもたくさんのやり方があるということです。私たちは活動家になれますし、あるいは瞑想家にもなれます。私たちはどちらをも表すことができるのです。神の愛を表すことのできるさまざまな方法があるのです。情熱的な人たちもいれば、静かで、目立たない人たちもいます。

イエスについていくことは、イエスに背負ってもらうことを意味しているわけでもありません。イエスについていくことは、イエスが私たちを地面から持ち上げるという意味ではないのです。私たちはよく、「私はイエスさまに従います。だからすべてが大丈夫なのです」と言います。あるいは「イエスさまにお祈りしましたから、あなたは大丈夫でしょう」とも言います。けれども、私たちの多くが知っているとおり、物事はそんなに単純ではないのです。

ときに私たちの内面や周囲に、イエスを問題の解決者にしたいという熱い気持ちが湧きます。私たちはイエスが私たちのすべての問題を解決してくれるのだと思い、そしてもし、私たちのすべての問題が解決されないなら、私たちには十分な信仰がないのだと考えます。それはイエスが本当に意図しておられることではありません。少なくとも福音書に書いてあることとは違います。イエスは私たちを困った状況から救い出すためにおられるのではありません。私たちの困難につける万能薬ではないのです。イエスは私たちの人生の辛い時間の終わりでもありません。イエスはそのようなものではないのです。

イエスについていくことは、歩くのは私たちだということを意味しています。話したり、生活をしたり、関わっていくのは私たちなのです。私たちこそが、苦闘する者、懸命に働かなければならない者なのです。イエスはある意味、私たちの旅路の困難を取り除くことはなさいません。あえて私は、イエスに従うことは、何もかもが同じ中で、すべてが変わるのだ、とすら言いましょう。みなさんもよくご存じでしょう。イエスの追従者である弟子たちは、現実の人生を生きる人びとです。弟子だからといって、人生の仕事が楽になるわけではないのです。

私たちの多くが知っているとおり、イエスについていこうと決めるとき、人生はもっと難しく、もっと辛いものとなり得るのです。けれども同時に、私たちはある力を手に入れます。私たちは自分の人生、あるいは自分の苦悩を一人で生きなくてもよくなるからです。もう自分の苦しみを孤独の中で生きる必要がなくなるのです。もはや自分の痛みを誰も気にかけてくれないかのように生きなくてよいのです。事実、イエスに従うことはイエスの小道を歩くことであって、暗く、壊れた、痛みに満ちた世界の中で、道を見せてくださる方の後ろを一歩一歩進んでいくことです。

イエスについていくということは、私たちを完全に理解してくださるお方と共に交わりをもちつつ、自分の人生を歩むということを意味しています。「共に交わりをもつ」companionship という言葉は、古いフランス語の compaignon で文字どおり、「パンを分け合う人」という意味です。ラテン語の com「一緒に」、panis「パン」を元にしています。

イエスについていくことは、導いてくださるお方のいる交わりの生活を意味しています。

私たちが一人で苦しんで闘うのか、それとも誰かと一緒に闘うのかによって、とても大きな違いが生まれます。私たちの人生は未だ苦闘ではあるけれども、それがもう孤独な闘いではなくなったということを知るのは、全く新しい経験です。人生はイエスについていくことによって、とても違う、とても新しいものとなるのです。

イエスと共に歩くとき、私たちには旅の道連れ、「私たちと共におられる方」がいることがわかるようになります。イエスは「私たちと共におられる神」、私たちの人生すべてを信頼することのできるお方、私たちに道を教えてくださるお方です。

主イエスさま

私を忙しくさせ、夢中にさせるたくさんのことから私を自由にしてください。ただ、あなたと一緒にいることができるようにお助けください。あなたと一緒に祈り、あなたに栄光を帰し、あなたに感謝し、あなたを礼拝することができますように。私は注意深くなり、喜んであなたに耳を傾け、あなたのご誕生とご生涯、あなたの死とよみがえりの不思議をもっと進んで理解することができるようになりたいのです。私を静かにさせてください。私を黙らせてください。そしてその沈黙の中で、私にお語りください。

アーメン

第4章

代価

「あなたの十字架を背負いなさい」

「すべて重荷を負って苦労している者は、私のもとに来なさい。あなたがたを休ませてあげよう。私は柔和で心のへりくだった者だから、私の軛を負い、私に学びなさい。そうすれば、あなたがたの魂に安らぎが得られる。私の軛は負いやすく、私の荷は軽いからである」。

マタイによる福音書一一章二八－三〇節

すべて存在するもの、天と地は、神の言葉によって創造されました。何一つとして神によって語られなかったものはありません。神が言葉をお語りになり、その言葉によってすべてのものがいのちを得ました。

存在するもの全部が神の言葉によって創造されました。私たちに向かって神はお語りになったのです。

神の言葉であるイエスは肉体を持つ人間となり、私たちの一人になり、私たちの太陽系中の惑星の一つにある小さな国の小さな町に住まわれました。すべてのものがそれによって創造された「言葉」が、イエスとよばれる一人の人になりました。

この意味するところは、聖パウロによってこのようにとても美しく表現されています。イエス・キリスト、神の言葉は、すべてのものがご自分をとおして創造された方であることの神聖な特権に固執しようとは思わず、かえって自分を無にして、私たち人間の一人となられました。それだけではありません。私たちの一人となっただけでなく、その方は死に至るまで、それも十字架の死に至るまで従順でした。

すべてのものを創られた神が、ご自分の神性を脱ぎ捨てられました。それは、神性な特権に固執しなかったこと、すなわち、私たちの一員になることをお選びになったことをさしています。イエスは私たちと共に死ぬことを願われた方だということです。私たちのいのちの意味するところをあますところなく生きたいと願われた方です。私たち人間の肉体の状態を経験したいと願われた方なのです。私たちと一緒に、死という不条理へと向かおうと願われたのです。

死とはとても不条理なものです。私たちの誰がそれを理解することができるでしょうか。私たちはいのちが欲しいのに、死の確実性がいつもそこにあるのです。神はその死という不条理の中に私たちと共に入っていくことを願われ、人間の状態を私たち以上に完全に感じたいと願われました。

最も不条理な死を死ぬことによって、イエスはそのことが目に見えるようにされました。聖なるお方が二人の犯罪者の間で、裸で十字架に釘付けにされたのです。これは言葉にすることができないほどの謎で、私たちキリスト者はそれを信じています。

けれども、私たちは本当に信じているのでしょうか？

すべてのものがこの方によって創造された、その神が、犯罪者のように十字架に掛けられたのです。この方は追放され、破滅させられました。それによって、私たち自身が信じることができる以上に、神は人類と深く結ばれるようになられたのです。

この文章を聞いてください。とても重要なことです。ヨハネによる福音書からです。イエスはこのように言われました「私は地から上げられるとき、（十字架の上に挙げられるとき、また復活によってひき挙げられるとき）、すべての人を自分のもとに引き寄せよう」（ヨハネ一二・三二）。これは死と復活という聖なる動きが、肉体をもつ人間全員がひき挙げられる動きだということを意味しています。これは人類全員がキリストの死と復活という神秘の中にひき入れられることを意味しているのです。すべての人間の死ぬべき定め、不完全さ、病、混乱、苦悩、そして孤独が、イエスの死の中に抱擁されているという意味です。イエスと共に十字架にひき挙げられていない人は、この世界中のどこにも一人としていないということを意味しているのです。

もし十字架のイエスが、すべてを創造された神の言葉であるということが真実なら、私たち全員が十字架のキリストと一緒にひき挙げられているのです。子どもであっても、ティーンでも、青年でも、成熟した人たちでも、高齢者でも。アメリカの人でも、ロシア人でも、アジア人、アフリカ人、アイルランド人、ニカラグア人であっても。囚人であっても自由人であっても、戦争中の国の人でも、平和な国の人でも、貧しい人でも豊かな人でも。すべての肉なる人が、あのゴルゴダの出来事の中でひき挙げられているのです。いま・ここにある世界の人びとだけでなく、何世代にもわたる人びとです。キリスト以前の何世紀にわたる人びとも、私たちには終わりがどうなるかわからない先の世紀の人びとも、です。過去、現在、そして未来のすべての人びとが、キリストの死と復活の神秘の中にひき挙げられているのです。

すべての人類が十字架に釘付けにされました。孤独、怒り、痛み、あるいは拒絶であろうとも、神が苦しまれなかった苦しみは何一つありません。それゆえに私たちは、自分の怒りや痛み、苦闘をもちながら神の中におり、イエスの死と復活を通してひき挙げられているのです。復活の主は主であり、そのみからだの中に私たち、すべての人類が集められているのです。

この理解の中にはすばらしい希望があります。これはイエスを神の憐れみの現れとしてみる秘訣です。

「憐れみ」（compassion）という言葉がどこからきたかご存じですか？　ラテン語の com は「〜と共に」という意味で、passio は「苦しむ」という意味です。「共に苦しむ」ことが「憐れみ」です。神が私たち皆と共に苦しむ神であるということをイエスは現しておられます。神が苦しまれなかった苦しみは、あなたの中も、あるいはこの世界の誰の中にもありません。神が人類のすべての苦しみを苦しんでおられるということを知ることから、慰めが始まります。

旧約聖書でヘブライ語の「憐れみ」は rachuwm です。この言葉は rachem という語幹から取られ、「子宮、胎」という意味です。したがって神は、ご自分の胎の中の子の苦しみを苦しむ母親なのです。

福音書の言語であるギリシア語では、イエスが「憐れむ」と言われるとき、それは文字どおり共に苦しむ（compassion）と書いてあります。イエスは人びとの苦しみや痛みを、腹の中で、はらわたで、内臓で感じられたのです。とても深く苦しみ、とても同情したので、ナインの寡婦とこれから埋葬される子どもをご覧になったときに、憐れに思われた（compassion）のです（ルカ七・一一―一七）。イエスはこの母親、この寡婦、この孤独な女性の苦しみと痛みをあまりにも深く体験されたので、子どもを死からよみがえらせました。イエスの憐れみ（compassion）が、いのちの動きになったのです。

ナインでのこの素晴らしい出来事は、イエスが奇跡をおこなったから大切なのではありません。イエスがこの女性の苦しみをその女性本人が感じているのと同じだけ深く感じられたということ、それがいのちの動きとなったということが偉大な出来事なのです。いのちを与え、子を贈り物としてその母の元に戻したのは、この女性と一致した苦しみでした。

まさに、すべての人類の苦しみへの神の憐れみこそが、十字架の上で見えるようになったものです。これが意味するところは、私たちは神の苦しみを人びとの中に見るようにと招かれているということです。私たちが傷んでいる誰かを見るたびに、その人がどのようにしてその苦しみを生き抜くことができるかと思いめぐらします。神がその痛みを苦しみ、その人と一緒に苦しんでいてくださることを知ってください。ある意味、歴史全体が、神の痛みの深さを表しているのです。キリスト者の視点からみると、歴史は神の苦しみの激しさと膨大さを明らかにするものです。けれどもそれだけではなく、神の復活をも明らかにしています。なぜならすべての苦しみの只中にあって、私たちは希望のしるしを何度も、何度も、何度も見ることができるからです。

私たちの十字架

朝のニュースを見ると、いったい誰が朝食を食べて仕事に行くことができるのだろうかと思うでしょう。全部の内容にあまりにも多くの痛みがあるからです。私は「これらのことを本当に真剣に受け止めつづけていたら、いったいどうやって何かをすることができるのだろうか」と考えます。私は戦争や飢餓やテロリズム、環境破壊などについて聞きます。そして、「こういうことを意識しすぎていたら、生きていくことがどうしてできるのだろう?」と思います。時に生き残るただ一つの方法は、無感覚になること、「こんなこと全部に気を留めることなんかできない。これ以上はもう無理だ。自分のコントロールを超えている。私は自分の問題がたくさんあるのだから」ということです。

または、怒りです。たとえば、もし日曜日の朝に、聖職者が世界のいろいろな問題について話したとします。私たちは一週間ずっとそれらのことを耳にし続けて、また日曜日の朝にもう一度その事柄を聞くと、私たちは無力感を感じます。「あなたたちは私たちに何をしたらよいと言うのか?」。私たちは気分を害し、神経質になり、怒ります。けれどもそれは誰のためにもならず、多くの場合、自分のやるべきことをおこなわないで終わってしまうのです。私たちは「どうして代わりに何か良いことについて話すことができないのか?」と叫びたくもなるかもしれません。

人類の苦しみと対決することは憐れみにつながりません。それは怒りや鈍感さ、苛立ち、そして拒絶につながります。なぜなら、私たちはそれらをどのように解決したらよいか全くわからないからです。あまりにもたくさんありすぎるのです。私たちが背負うことのできる以上の重い荷物なのです。

それに加えて、数々の小さな苦しみがあり、それが重荷になります。時にはそういう苦しみはさらに質が悪く、さらに私たちの上にのしかかってきます。

それらは私たちの気になる些細な事柄で、一日中気にさわるのです。それらは私たちを占領してしまいます。イラつかせる上司、渋滞、不親切な仕草、拒絶の言葉、仕事でのミスなどです。それらは小さなことですが、私たちから喜びを奪ってしまうことができます。その小さな事柄が重荷となります。なぜなら、それらが私たちを占領し、心の場所をとってしまうからです。

すると私たちは、押しつぶされているように感じます。私たちはよく「あのことがなくなりすれば、私は大丈夫なのに」と言います。けれども、いつでも何かしら一つのことがあるのです。誰でも肉体に棘があるのです。なんらかのやり方で自分を苦しませる何かを、誰もがもっているのです。最初はよくわからないかもしれませんが、誰でも心の中に深い痛みを抱えているのです。大きな十字架よりも小さな十字架の方が背負うのが大変に思えるときがあります。教会は愛で溢れているべきなのに、時々教会の中に互いに憎み合う人びとがいます。あなたの仲間や共同体の中に嫉妬や怒りがあって、それに耐えられないように思えます。あなたが愛を期待するその場所に、衝突や痛みがあるのです。

そしてその時に、私たちは神から離れていると感じます。背負っている荷物がどこにもつながっていないと感じられるとき、その荷物が重荷となるのです。それは私たちが自分で背負わなくてはならない重荷であり、誰とも分け合うことができません。何か大きなものの一部でもありません。それはただそこにあって、私たちを下の方へ、下の方へと押しつけるのです。

イエスは、「自分の十字架を負って、私に従いなさい」（ルカ九・二三）と言われます。「私の重荷を持ち上げなさい。それは全世界の重荷であり、軽い荷だろう。私の軛を負いなさい。そうすれば、それが負いやすいとわかるだろう」（マタイ一一・三〇）。

これはキリスト者の生活の神秘です。神が私たちの所に来られたのは、私たちの重荷を取り去るためでも、私たちの十字架を取り去るためでも、私たちの苦悩を取り去るためでもありません。違うのです。神は、私たちの重荷を神の重荷と結びつけるように、私たちの苦しみと結びつけるように、私たちの痛みを神の痛みと結びつけるようにと招くために来られたのです。

死んで砕かれてくださった神の御子とつながるいのちを生きることが、キリスト者の生活の偉大な招きです。それはご自分の重荷を軽い荷として私たちに与えたいと願っておられる神と、敢えて繋がって生きることへの招きです。神がもうすでにその重荷を私たちのために担っておられるのです。

さらに、神が私たちに対して憐れみ深いだけではなく、私たちが神と共に、喜んで憐れみ深くならなければならないのです。私たちは神と苦しみを共有（compati）しなければならないのです。Compati はラテン語で「～と共に苦しむ」という言葉です。私たちは神と共に苦しむ必要があるのです。

神と共に苦しむことへの招きは、おそらくキリスト者の伝統の中に見られる最も奥深いものでしょう。神が私たちと共に苦しんでくださるだけではなく、今度は私たちが神と共に苦しむように招かれているということが、憐れみの意味していることです。

アッシジの聖フランシスコ、アビラのテレサ、十字架のヨハネも憐れみについて語っています。彼らはキリストと共に苦しむことの神秘を語っています。彼らは自分たちの苦しみは神の苦しみへの参与であり、そのつながりによって彼らの苦しみの不条理な性質がなくなるのだと語っています。それにはまだ痛みがあります。まだ辛さがあります。まだ苦痛があり、困難や孤独があります。けれども十字架とつながることによって、それが新しいものになるのです。

貫かれ、砕かれた人を見てください。そうすれば、神の愛があなたに向かって光り輝いているのを見るでしょう。あなたはあたたかさを感じ、あなたの中から新しさが流れ出てくるでしょう。あなたが苦しみ、痛み、苦悩を、背負わなければならない自分の重荷としてみてしまう時はいつでも、その苦しみを十字架の上で神の御子が苦しんでくださっているものとしてみてください。あなたの苦闘は軽い荷となります。なぜなら、それは神の重荷であり、神が私たちのために苦しまれたからです。

「十字架を負いなさい」というのは、痛みを探すという意味ではありません。それは十字架を追いかけるということでもありません。問題を探し回るということでもありません。私たちにはたくさんの問題があります。これ以上は必要ないのです。時に私たちは「十字架を負う」ということは、自分に厳しくすることだと思ってしまいます。それはイエスの語っておられることではありません。「十字架を負う」ということは、まず第一に、自分の苦しみのある場所を知り、自分の苦しみを認めるということです。

　私たちは、時々大きな問題に集中してしまいます。私はまず小さな問題に集中することから始めるべきだと思うのです。

　私たちは人生のほとんどすべての瞬間苦しんでいます。いつでも少し大変なことがあります。いつでも私たちには何らかの痛みがあって、ある意味それを踏みつけて歩き、あまり真剣に捉えていません。けれどもその痛みは十字架です。それを負っていますか？　それを認めていますか？　はい、と言えるでしょうか？　私たちはいつも、自分がもう持っている十字架ではなく、別の種類の十字架を担ぎたいと思っているように見えます。

「あの人は今日私と話をしてくれなかった。大したことではないけれど、少し心が痛むな。これは十字架だ。小さな十字架。けれども、それを十字架として認めよう」。

「友だちが連絡をくれなかった。少し心が痛むな。その痛みが存在しないふりをして、踏みつけていく必要はないんだ」。

　驚くべきことに、これらの小さな苦しみを見ることができるだけで、私たちはゆっくりと自分自身の家に帰ることができるようにされるのです。そして、もっとおそろしいことがやってくるのではないかとおそれることがなくなるのです。私たちはおそれる必要はないのです。なぜなら、私たちはもうすでに自分の苦しみを認めることができるからです。私たちは苦しみと馴染みがあるのです。

イエスは言われました。「あなたの十字架を負いなさい」。イエスは、「自分の十字架を作り上げなさい」とか、「自分の十字架を生み出しなさい」とか、「あなたの十字架を追いかけなさい」とは言われませんでした。「あなたの十字架を負いなさい」と言われたのです。そしてそれは、あなたの傷を見る勇気をもつ、という意味なのです。

私たちは内側にある痛みをいつも否定する文化の中に生きています。だからといって、それが痛まないわけではないのです。

私たちは「私の友人が死んだ。私は強くならなければ」と言います。

それはとても辛いことです。かつて人びとが人の死を長い期間悼んだ時代がありました。彼らは自分たちの痛みを感じ、自分の中にその嘆きの実を育たせたのです。

私たちが本当に痛みを感じる場所がたくさんあります。それを無視するのをやめましょう。それを否定せず、「そうだ。これは難しいことだ。でも、私はそれを取り上げよう」と言いましょう。

それを認めましょう。「ここが私の痛みを感じる場所だ。これが私の人生で、私の人生はまた、私の痛みを意味している。この痛みと共にいることができるか？　痛みを認め、肯定することができるか？　私はこの人生を生きることができる。私はこの人生を生きたい。それは辛く、独特の痛みがある。けれどもそれは私のものなのだ。私はそれを抱擁しよう。なぜなら、自分の痛みを無視し続けるのなら、私は決して人生の喜びを味わうことがないからだ」。

これがイエスが最初に求められることです。イエスは、「あなたの十字架を負いなさい。担ぎなさい」と言われるのです。

「私について来なさい」、それは、イエスが二番めに求めることです。

イエスは、「十字架を担い運ぶことを、弟子としての歩みの一部にしなさい。私とつながりなさい。神の道へとつなげなさい」。

私たちは自分の痛みを十字架の癒しの存在のもとにもってくるように招かれています。いえ、説得されています。それこそが祈りの生活なのです。「主よ、私の愛する人びとに好かれないことは辛いことです。あなたがどのように拒絶されたのかがわかります。私の拒絶の経験をあなたとつなげたいと思います」と言うとき、私たちは祈っているのです。

また私たちは、「主よ、私は今日とてもおそれを感じています。それがどこから来るのかわかりませんが、私は心配で、怖い気持ちがするのです。おそれがあるのです。主よ、私のおそれがあなたの苦闘となるように、このおそれをあなたのおられる場所にもっていきます。ゲッセマネの園にもっていき、あなたの苦悩とつなげます。生きるための苦闘として」と祈ります。

私たちはどうにかしてこのように言う勇気をもたなければなりません。「私の体は痛みます。主よ、私には肉体の痛みがあるのです。どうして医者がその痛みを取り除くことができないのかわかりません。けれどもあなたも肉体の痛みをご存じであることを知りたいのです。そして、あなたがよみがえりの体をお持ちになっている神であることを知りたいのです。そのよみがえりの体には傷が見えました。あなたの手の傷。あなたの足の傷。あなたの脇腹の傷。私の痛みをあなたの痛みの一部にしてください。そのようにして、私の痛みが私を苦々しく恨みがましくしたり、怒らせたり、動揺させるものではなく、あなたの死と復活の神秘にふれさせるものとなりますように。私の存在のすべてをあなたのご臨在の中にもっていきます。私の苦しみと痛みをすべてあなたのところにもっていきます。私の十字架をあなたの十字架と一つにしてください。私の重荷があなたの重荷となり、その経験によって、新しいいのちと新しい希望に私を満たしてくれますように」。

これが祈りです。

私はたくさんの心配をします。あなたもたくさんの心配をします。私たちが苦しむ事柄がたくさんあります。私たちは明日のことを心配し、昨日のことを心配します。あの人のこと、この人のことを心配します。けれども私たちは、それらすべてと本当につながっているでしょうか。それを神のご臨在の中にもっていっているでしょうか?

もうすでにすべてを苦しみ尽くし、復活の体へとひき挙げられたお方のところにそれをもっていきましょう。

私たちは本当につながりを作っているでしょうか。そこから新しいものが生まれるために。

そのつながりができているのなら、新しいものが生まれてきているのです。私たちと神の光の間につながりができるたびに、新しいことが起こり、私たちの中にある種の再生が起きるのです。私たちが自分の痛みを「恥ずかしすぎる」「誰にも言うことができない。あまりにも馬鹿げているから」と孤立させ隠すたびに、その重荷はより大きく、重くなるのです。

私たちが祈るとき、私たちのいのちのすべてが神のいのちとつながります。神の愛は私たちの血管、霊的な血管の中を、私たちの心と私たちの存在の中を流れることができるのです。私たちは全く新しい在り方を発見することでしょう。私たちは自分の苦しみを完全に新しいしかたで生きることができます。「私は幸せだ」「私は悲しい」というような自分の幸福についてのすべての区別が、ある意味とても新しいものへと超越させられることができるのです。

あなたの心配事を取り上げて、祈りに変えてください。あなたのおそれを取り上げて、神のおそれとつなげてください。あなたの抑うつを取り上げて、十字架で死なれている神のご臨在のもとでそれを見てください。すべてを苦しみ、すべてを生きられた方のおられるところにもっていってください。あなたはイエスのおられるところで、痛みと喜び、悲しみと嬉しさを超えて生きることができることを発見するでしょう。あなたが祈るとき、あなたは自分のいのちを神のいのちとつなげるのです。あなたは新しい生き方をするのです。

あるとき私は非常に落ち込んでいました。何もかもがとても悲しく感じられたのです。私はアリゾナ州のフラッグスタッフにいたので、グランドキャニオンに行こうと決めました。そこで何百万年も前からある被造物を見て、もしそれが一年として表されるとするなら、私は自分が最後の一秒でもなく、その一秒の中のごく短い一部分に生まれたのにすぎないことに気づきました。

見渡しながら、私は「なんということだ。どうしてこんなにたくさんの問題を抱えているんだ」と思いました。グランドキャニオンというあの巨大な美の深淵を見ているとき、奇妙な抑圧が落ちて消えていきました。私は静けさを感じました。大自然の不思議を目の当たりにして、「何を心配しているのか。お前は全世界の重荷を背負っているようではないか。その世界はお前が存在する前から続いていて、お前の後も長く続いていく世界だ。どうしてお前は、人生をただ楽しんで、本当に生きようとしないのか？」と思いました。

このグランドキャニオンのイメージは長い間私に留まりました。神はグランドキャニオンのようです。神は傷を受け、苦しまれました。それは全人類の傷です。そして、私がその傷の臨在の中に入っていくなら、私の傷は軽い荷、あるいは軽い痛みとなるのです。それはそこに傷がないからではなく、その傷が愛によって抱擁されているからなのです。私は自分の痛みを生きることができ、それによって破壊されることはないのです。私は自分の痛みを認めることができ、それによって麻痺させられることはないのです。私がとてつもなく愛されていること、心にかけられていることを経験するため、グランドキャニオンは神聖な愛の深淵に入るようにと私を招いてくれました。私は、新しい心、神の心と共にいのちに入るようにと招かれたのです。

私たちの多くは、たとえイエスについていっているとしても、おそれを理由についていっています。けれども地獄へのおそれ、煉獄のおそれ、拒絶のおそれ、受け入れられないことなどのおそれを理由に従っているのなら、それはついていっていることにはなりません。おそれから派生しているのなら、イエスについていくことは弟子訓練の一つにはなりえないのです。私たちの中には多くのおそれがあります。時々私は、私たちが本当にどれほどおそれに満ちた人びとなのかを考えて、呆然とします。

私たちは「もしイエスについていかないと、どうなるのだろう?」と聞きます。「最終的にあの世に行った時にどんなことが起こるのだろう?　私はなんと言ったらいいのだろう?」

認めたくはないかもしれませんが、時々私たちは、「まあ、イエスについていくのが無難だろう。何が起こるかわからないのだから」と言います。

イエスは、私たちにおそれを理由に従ってほしいとは願ってはおられません。愛の心からついて来てほしいと願っておられるのです。新約聖書全体をとおして、私たちは「おそれることはない」という言葉を聞きます。天使は、ザカリヤにそう告げます（ルカ一・一三）。マリアに告げます（ルカ一・三〇）。イエスの復活の墓で、天使たちは「おそれることはない」と告げます（マタイ二八・五）。イエスご自身が「おそれることはない。私だ。私のいるところでおそれてはならない」と言われます（マタイ一四・二七）。

おそれは神に属するものではありません。なぜなら、神は「初めの愛」の神だからです。ヨハネが美しく語るように、「『初めの愛』はおそれを締め出す」のです（Ⅰヨハネ四・一八）。神の愛は私たちのおそれの境界線を突破する完全な愛です。イエスは「おそれてはいけない。あなたの目を私に向け続けなさい。私について来なさい」と言っておられます。

ヨハネの福音書の最後の美しい一場面で、イエスはペトロに「シモン、私を愛しているか?」と言われます。ペトロは「主よ、私があなたを愛していることは、あなたがご存じです」と言います。イエスは二回めに尋ねられます。「シモン、あなたは私を愛しているか?」。そして、ペトロは「私があなたを愛していることは、あなたがご存じです」と言います。イエスは三回めに尋ね、ペトロは少し動揺します。「主よ、私があなたを愛していることを、あなたはよく知っておられます」。「よし、弟子よ」とイエスは言われます「私の小羊を飼いなさい、私の羊を飼いなさい」（ヨハネ二一・一五－一七）。それからイエスは、まさに私たちが聞かなければならない最も大事なことを語られます。彼は、「あなたは、若い時は、自分で帯を締めて、行きたい所へ行っていた。しかし、年を取ると、両手を広げ、他の人に帯を締められ、行きたくない所へ連れて行かれる」と言われます。（ヨハネ二一・一八）

イエスは、「あなたが愛の中にいるなら、あなたが本当に愛の中にいるのなら、自分で選んだ場所でない所に導いて行かれることができる。愛する人は、自分ができれば行きたくないと思う場所にも行くことができる」ということを言っておられるのです。

イエスは、すべての心理学をひっくり返されます。

イエスは、「あなたは若いときには両手を広げて、他の人びとに導いてもらうが、歳を取ると、自分のことは自分でできるようになるのだ」とは言っておられません。そうではないのです。イエスは反対のことを語っておられます。「あなたが若いときは自分の好きなことをすることができるが、あなたが歳を取ると自分の行きたくないところに導かれるだろう」と言っておられるのです。

霊的生活とは、困難な場所、私たちができれば行きたくないと思っている場所へと、さらに導いてもらえるようになり、連れて行ってもらえるようになれる生活なのです。イエスにとってそれは十字架でした。ペトロにとってそれは十字架でした。パウロやすべての弟子たちにとって、それはたくさんの苦しみを意味していました。これはマゾヒズムではありません。自分で自分を鞭打つことではありません。自分に厳しくなることではありません。それは愛の中にいることです。全く、完全に愛の中にいることによって、私たちは自分ができれば行きたくないと思う場所にも行くのです。

興味深いことに、愛の中にいるとき、私たちが味わっていると他の人たちが思うようなかたちの痛みを、ある意味私たちは感じません。私たちが真に愛の中にいるのなら、私たちの目は痛みに焦点を当てません。私たちの目は愛する人に焦点を当てているのです。私たちは一歩一歩、もう一歩と歩みを進めます。母親や父親は、「もちろん私は病気の子どもと一緒にいます。その子を愛しているからです。子どもを一人になどしません」と言います。他の人たちは「彼らは本当に苦しんでいる」と言うかもしれません。けれども、父や母は病気の子と一緒にいるエネルギーをもっているのです。なぜなら彼らは自分の子をあまりにも愛しているからです。

私たちが愛の中にいるとき、私たちはとても困難な場所に行くことができて、最初に感じるのは痛みではなく、愛です。

苦しみがないと言っているのではありません。私が言っているのは、私たちの意識が苦しみに集中していないということだけです。他の人たちは、「ああ、なんという苦しみだろう。なんという苦痛だろう。こんなことすべてをすることができる人がいるのだろうか。なんとひどい。私にはとてもできない」というかもしれません。外から見ると苦しみを生きる能力は不可能な離技のようにみえるかもしれません。

私たちが貧しさのどん底にいる人びとや瀕死の人びと、惨めな人びとと働くために出て行ったり、何か他の重大な事柄をするために自分の仕事を諦めたりするとき、人びとは「ああ、どうしたらそんなことができるのかわからない」というかもしれません。私たちの多くはこのように答えることができます。「私は生きています。それは簡単なことです。あなたが話しているようなたくさんの問題は私には見えません。私はただついていっているのです。私は自分の人生で決して行くことはないと思っていたこれらすべての場所に導かれているのです」。

ある母親には病気の子どもがいて、自分の人生の時間のすべてをその子と一緒にいなければならないかもしれません。彼女は自分の自由をこのように失うことに耐えられるなど考えてもみなかったことでしょう。みんなが彼女にどうしてそんなことができるのかと聞きます。彼女は「私にはそれができるのです。私はおそれていません。私は愛の中にいるのです。私はついていっているのです」と言います。

私たちが愛する人についていくことが、イエスについていくことの意味のすべてです。私たちはおそれによってではなく、愛によってついていくのです。

主よ

私に見ることのできる目、聞くことのできる耳をお与えください。

暗闇の中に、すべてを新しくする光があることを知っています。

苦しみの中に私のために新しい地を開く、新しいいのちがあることを知っています。

私の悲しみの向こうに、私の心を活気づける喜びがあることを知っています。

そうです。主よ、あなたがおられること、あなたが活動しておられること、あなたが愛しておられること、あなたこそが本当に光であり、いのちであり、真理であることを、私は知っています。

人びと、仕事、計画、プロジェクト、考え、会合、建物、絵画、音楽、そして文学は、あなたのご臨在、あなたのご栄光、あなたの御国の反映として、私が見たり聞いたりすることができるときにのみ、私に本当に喜びと平安を与えることができます。

ですから、そのように見させ、聞かせてください。主よ、あなたのヴィジョンを私に見せてください。私の人生の導きとなり、私の心にあることすべてに意味を与えてください。

アーメン

（『The Only Necessary Thing』より）

第5章

報酬

「私の喜びがあなたのものとなる」

よくよく言っておく。あなたがたは泣き悲しむが、世は喜ぶ。あなたがたは苦しみにさいなまれるが、その苦しみは喜びに変わる。女が子どもを産むときには、苦しみがある。その時が来たからである。しかし、子どもが生まれると、一人の人が世に生まれ出た喜びのために、もはやその苦痛を思い出さない。このように、あなたがたにも、今は苦しみがある。しかし、私は再びあなたがたと会い、あなたがたは心から喜ぶことになる。その喜びをあなたがたから奪い去る者はいない。

ヨハネによる福音書一六章二〇―二二節

これらのことを話したのは、私の喜びがあなたがたの内にあり、あなたがたの喜びが満たされるためである。

ヨハネによる福音書一五章一一節

イエスについていくことの報酬は喜びです。それは愛の中にいることの一部です。私たちは喜びが自分のものだと公言しなければなりません。それはイエスが私たちに与えるために来られた素晴らしい贈り物だからです。

喜びというトピックは、はっきりと説明するのは簡単ではありません。私たちは悲しみについて話す方がずっと上手なのです。けれども私たちは喜びについて話すことを学ばなければなりません。なぜなら喜びは、十字架を負ってイエスについていく人たちへの素晴らしい報酬だからです。

喜びについて話すことは難しいのですが、それについて話すことは大事です。なぜなら、多くの都市や街にいる人びとを見回すとき、皆とても深刻だからです。とても、とても深刻なのです。驚くほどです。通りを歩いてみると、人びとは真面目な顔をしています。みんながとても深刻なことをしています。人びとは自分に関することをしており、それは緊急で、今やらなければならないことです。とても深刻なことなので、今週中にそれをしなければならないのです。興味深いことに、その深刻さや確信、ある種の陰気さが、多くの場合どちらかというと裕福な人びとを特徴づけています。私が神学校で教えていたとき、誰一人からも小さな微笑みをひき出すことは難しいことでした。

「私の邪魔をしないでくれないか。レポートを書かなければならないんだ。私は批判的でなければならなくて、それがとても大事なことなんだ」。

まるで深刻さが成果と関係があるかのように見えます。私たちはプロジェクトをやっています。めざす目標があり、それらを達成しなければならないのです。そして私たちはそういうことに関して、とても、とても真剣になっているのです。

かつて私はペルーのリマの極めて貧しい地区に住んでいました。私はそれを美化しているわけではありませんが、そこを訪れる人、誰もに圧倒的な印象を与えるのは、貧しい人びとです。ありとあらゆる困難を抱えているその人びとは、そこに座って自分の困難について話すことはありません。こんな小さな話があります。

私はリマに行きました。そこに行って、あるプロジェクトをするのがよい考えだと思ったからです。その場所のひどい貧困に対して何かをしようと計画したのです。私は、市外のパムポラ・アルタとよばれる居住区内で、ある家族と一緒に生活をしました。そこはとても乾燥した荒れ地で、周りを囲む丘の斜面に何千もの掘立て小屋が建てられていました。毎日私は自分が滞在している家から教会に行くのに、最低二十分ほど歩かなければなりませんでした。それはとてつもない体験でした。なぜなら、私がパブリート、マリア、ソフィア、パブロ、そして小さなジョニーと一緒に住んでいた家から歩いて出ると、小さな子どもたちが、私に会うために自分たちの家から走り出てくるのです。彼らは、(スペイン語で)「パドレシート、パドレシート(神父さん、神父さん)」と言います。子どもたちは家から出て来て、私を捕まえるのです。彼らは長い間、こぎれいな背の高いアメリカ人を見たことがなかったので、私の方に手を伸ばしてきて、気づいた時には私の全部の指に子どもたちがぶら下がっているような状態になっていました。彼らは私を離しませんでした。

「離しておくれ。貧しい人たちを助けに行くのだから!」。

彼らは本当に離してくれなかったのです。子どもたちは私を引っ張って地面に座らせ、私が砂の上に座っているのをみんなで眺めて、私の足などを触っているのです。ある子どもは私の口を見て、「なんて大きな口だろう」と言いました。彼らは私と一緒にいるというだけでとてもワクワクしていました。一方、私は自分の壮大な五年計画をもってそこにいるのです。

「行かせておくれ。貧しい人たちを助けに行くのだから」。

子どもたちは私を捕まえて、「ぼくたちと遊ぼうよ。今日は素敵な日だと思わない?」と言うのです。

この幼い子どもたちは、もし何かする価値のあるものが存在するのなら、それは私の目の前にあるのだということを伝えていたのです。いま・ここで。

「ボールで遊ぼうよ！　ただニコニコしようよ。一緒にただ笑おうよ」。

彼らは笑い、叫び、よじのぼり、そしてふざけていました。それは驚くべきことでした。彼らは本当に祝うことができるのです。

この子どもたちは私に、逆の宣教に従事しなければならないということを悟らせました。ラテンアメリカで苦しんでいる人たちから北アメリカへの宣教です。彼らは、苦しみや苦痛の中に喜びが全くないわけではないということを示すことができるからです。笑いや遊びは、神聖な癒しです。

私は抑圧や、飢餓や、貧困が軽減されるべきでないと言っているわけではありません。けれども、もし私たちが子どもたちの喜びを、彼らの貧困の中で共有することができないのなら、私たちはいったい何を与えることができるのでしょうか。

唯一自分たちこそが世界を救えるかのように、あまりにも深刻になることはやめましょう。神だけが世界を救うのです。いつも喜ぶのはそのことなのです。

喜びについて話すことは難しいことです。三年間かけて不安について語った教授がオランダにいました。私たちはキルケゴールやサルトル、カミュやその他の多くの、不安をテーマに執筆して世に出た人びとについて学びました。私はその教授に「喜びについての講義をしていただけませんか」と頼みました。彼は「やろうとしたことはあるんだよ。でもたいして話すことがなかったんだ」と言いました。

自分の足が痛むとき、私はそのことについて話すことができます。その足がどれほど痛むかということを描写するための多くの言葉を知っています。痛まないときには私はそのことについて考えません。私が元気なとき、そのことについて話をしません。私の言語は限られています。私の言語は喜びのためよりも心配事のための方が、ずっと複雑で詳細なのです。もしかしたらそれが喜びの良いことなのかもしれません。もしかしたら、私たちは自分が思うよりももっと頻繁に喜びを経験しているのかもしれません。もしかしたら、私たちがしていることが、喜びに満ちた生き方なのかもしれません。もしかしたら、それがあまりにも普通なので、そのことについて話をしなくていいのかもしれません。

私が喜びについて語るために使おうと思っている言葉は、「歓喜」（ecstacy）です。この言葉は、ジャン・バニエからもらった言葉です。ジャン・バニエは、知的ハンディのある人たちのため、またその人たちと共に生きるための世界的共同体《コミュニティー》を創設したカナダ人です。彼はハンディのある人たちと活動を共にした後、彼らみんなが歓喜する権利をもっていると思った、と言いました。彼は私にハンディとともに生きるすべての人が、歓喜の人生を送るべきだと言ったのです。

私はそのことについて考え始めました。そして、歓喜（ecstacy）という言葉は、static「変化のない」場所から ec「出てゆく」という意味であることに気づきました。歓喜（ecstacy）するとは、変化のない、いつも同じ場所から出てゆくという意味です。歓喜の生活は、厳格に固定された状況から、新しい場所へと動き続けることです。私たちは古いものに満足しません。喜びは死の場所から出てゆくこと、物事がずっと同じで動かない場所から出てゆくことです。いのちのある場所には変化があるのです。物事が変わらなくなった途端、死が顔を出します。私たちは融通が利かなくなり、こわばって、死にます。私たちにとって喜びが、まさにいのちへと羽ばたき、変化のない場所から出てゆくことであると認識することは、とても大切なことです。喜びとはいつも人生を新しく経験することなのです。

喜びは新しさとつながっています。誰も決して「ああ、またあの古い喜びだ」などと言いません。絶対に言いません。古い悲しみはあっても、古い喜びなどはないのです。喜びはいつも新しいのです。

私たちは「わあ、それはワクワクするね」と言います。新しさはいつも美しく、今まで見たことのない、何か生き生きとしたものとして捉えられます。小さな赤ちゃんにとっては毎日が新しいのです。また、「古い子ども」などは存在することはありません。子どもはいつも成長しているのです。

喜びはいのちです。なぜならいのちは、古くて変化のない場所から新しくて活発な場所へと移っていくものだからです。

イエスが私たちに提供してくださっているこの喜びを自分のものとするということは、大きな課題です。イエスは生きている者の神です。イエスはいのちをもたらすために来られました。そして、そのいのちは豊かないのちです。イエスは傷と欠乏の鎖を断ち切り、死を克服するために来られました。イエスはいのちを与えるために来られました。そして、そのいのちは喜びです。「私の喜びがあなたがたの内にあり、あなたがたの喜びが満たされるためである」(ヨハネ一五・一一)。イエスは、「私は死を克服し、終わることのないいのちを与えるために来た」と言われるのです。

私たちにとってこのように生きることは簡単なことではありません。なぜなら、私たちの中の何かがおそれているからです。喜びに対する抵抗があるのです。私たちの中にある何かが、いのちではなくて死を、喜びの場所でなく固まった場所を選ぼうという誘惑を受けます。おそれがそうさせるのです。おそれが、固まった場所にすがろうとさせるのです。おそれが、いつものこと、普通のこと、安全だと感じる場所に私たちをとどめようとするのです。

私たちがおそれる時に二つのことが起こります。一つはいつもやっているのと同じことに固執しようとすることです。もう一つは、パニックになってあらゆる場所を走り回るということです。初めはお決まりの行動、もう一つは根無しの行動とよばれます。どちらもおそれと関係があります。

お決まりの行動

考えてみてください。私たちは脅かされると慣れ親しんだパターンや慣習的な方法を選択します。「ここではこういうふうにやるものだ。だから、新しいアイディアはやめてくれよ」と言います。「太陽の下、目新しいものは何一つない」「前にやったとおりにしておこうじゃないか」「私にはある程度の経験があるのを知っているだろう。だからいつも同じようにやるんだ」。

おそれは人びとを安全圏にしがみつかせます。ある人たちは不安で活気のあることよりも安全で少し惨めでいる方を好みます。ある人たちは赤ちゃんが安心のために大事にする毛布のように不満を握りしめています。私たちは「お元気ですか」と尋ねられると、「元気です。でも、まだいくつも不満をもっています。そんなに元気だと思わないでください」と答えます。私たちは奇妙な満足感を不満から得ているのです。

私たちは人びとについて、または自分たちのことや自分の健康のことや何についても否定的に話します。私たちはいろいろな場所にたむろして、何か話すことがあると安全に感じます。テーブルの周りに座って不平を言うことができると、少しだけ安心することができるのです。ちょっとしたゴシップやちょっとした「良くないこと、絶対によくならないこと、だからその周りに陣取っていよう。物事はこういうものなのだから。もう一度くり返そう」という類のものです。

私たちは「動きたくないと思うこと」にある種の安心を感じます。「今いるところにとどまっていようじゃないか。どうせこれ以上良くなりはしないのだから。現実的になろう」。

私たちはおそれている時に安全を選び続けます。このことに気づくと、安心の選択の模範例が私たちに襲いかかってきます。個人的な安全の選択だけでなく、社会的集団が自らを補償するために選ぶ選択肢が、です。私たちはこの世界の安全への配慮がおそれに繋がっていることに気づきはじめます。

私たちは安全のために爆弾をつくります。敵から自分たちを防衛します。けれども爆弾が爆発する前に、私たちは安全への懸念そのものが私たち皆を死に至らしめることに気づくのです。私たちを硬直させ、こわばらせてしまうからです。

戦争へのおそれだけでも、私たちの子どもたちに、私たちの精神に、私たちの心に多くの破壊をもたらします。私たちを怖がらせるからです。そのおそれは私たちに生きることを怖がらせ、自分の安全について絶え間なく心配させるのです。私たちは起こることが絶対にないかもしれない戦争の準備のために、あまりにも多くのお金と時間、才能やエネルギーを費やします。それにもかかわらず、そのおそれは私たちの精神や心を破壊し、死の力を抱え込ませるのです。これは危険です。

そして、そこに喜びはありません。

安全を自分の第一の関心事にすればするほど、喜びに溢れることが難しくなります。喜びに溢れるということは、安全な場所から飛び出して、新しいことに挑戦することです。

おそれに満ちた場所から離れ、喜びを選び続けることには継続的な鍛錬が必要です。私たちは常に安全か、自由・喜び・いのちのどちらかを選び続けなければならないのです。

根無しの行動

安全やルーティーンとは違う、おそれに対する別の応答があります。それは全く反対のものです。根がないということです。

おそれは、私たちに安全な場所に飛びつかせるだけではなく、ただ周りに水しぶきを上げさせるだけのこともあります。パニックになって、決まった事柄をすることが怖くなってしまうので、ありとあらゆる場所に出て行ってしまう人たちがいます。彼らは自分の根を失い、錨を引き上げてしまいます。彼らはただ荒々しく放浪し、どうしたらいいのかわからないでいます。おそれがあまりにも大きいために、彼らは自分が何をしているのかわからないまま、その日暮しをしているのです。

ある意味で、彼らは世界をうろついているのです。ここで少し、あそこで少しというように何かをして、一つの小さな興奮から別の興奮へと移っているような感じです。性的な興奮、飲酒の興奮、または薬物の興奮やあちらこちらでのせっかちな取引。けれども、彼らはどこにいても落ち着いてはいないのです。彼らは自分たちの根っこをなくしてしまいました。ここからあちらへと放浪するのみです。

そこに喜びはありません。自由はありません。

私たちが錨を持っていないなら、心配しながら神経質に走り回って物事をおこないますが、そこには私たちの家となる場所はありません。私たちが落ち着いた心をもっていないのなら、動きの中に喜びはありません。

イエスはこのことについて多く語っておられます。「世の終わりには人びとは走り回るようになる。堕落があり、酩酊がある。しかし彼らについて行ってはならない。あなたの根を失ってはならない」「あなたは絶えず祈り、人の子の臨在の中で頭を上げて立ちなさい」とイエスは言われます。「確信を持ちなさい。しっかりと根を張りなさい。繋がっていなさい。愛に留まりなさい」。

おそれは私たちに慣習的な、型通りの方法で物事をおこなうことに固執させます。あるいは、そのおそれがあまりにも激しすぎて、私たちを振り回して正気を失ったかのように走りまわらせるかもしれません。このどちらの行動タイプもイエスの話されたキリスト者の喜びではないのです。

喜び

喜びとは何でしょうか。本物の歓喜とは何でしょう。

少しご一緒にイエスに目を注ぎましょう。イエスがはたして面白い人であったかどうかわかりません。私はそうではないと思います。私はイエスが陽気な人であったかどうかすらわかりません。けれどもイエスは喜びに満ちていました。イエスの喜びは神との途切れることのない親しい関係から生まれた喜びでした。イエスが天の父との交わりから流れ出ます。イエスが天の父に親しく属しておられるということから、喜びが湧き出るのです。イエスは言われます。「あなたは私から去るかもしれない。皆が私を忘れるかもしれない。しかし、父は私を置き去りにはしない。父は忠実な方だ。父は私と共におられる」。

イエスが話しておられることに耳を傾けてください。イエスは深い帰属意識について語っておられます。それは深い傾聴です。従順（Obedience）という言葉は、体全体で聞くという意味です。ラテン語のオバウディオ（Obaudire）は、注意深く聞くことを意味しています。イエスは従順な方です。いつでも父に聴いておられます。イエスはご自分が来られた場所、その源といつも繋がっておられました。一人だと感じることは決してありません。人びとが裏切ったときでさえも、人びとが十字架に釘付けしたときでさえも、顔につばきをかけ、鞭打ったときも、イエスは神とのつながりを失うことはありませんでした。もう感じなくなったときですら、イエスはそのつながりを失いませんでした。「我が神、我が神、なぜ私をお見捨てになったのですか」と言われたとき、イエスは神のご臨在を感じませんでしたが、知っておられたのです。イエスは「私の父は私を決して一人にはしない」と言われました。そこに喜びの錨が下されているのです。そのつながりの中に、しっかりと錨を下ろしているのです。

イエスは最も困難な状況の中で、自由に動き回ることがおできになります。肉体的、感情的にだけでなく、霊的にもです。イエスは愛するための新しい方法を探索することがおできになります。なぜなら神に根ざしておられるからです。お決まりの型どおりのやり方が硬直してしまい、もうそのやり方で神に仕えることができなくなったとき、それを打開されます。イエスは型どおりのやり方から抜け出せなくなっていたファリサイ人を批判しています。

また、イエスは根無草のように生きることについても人びとに警告をされています。イエスは、「私があなたがたに留まっているように、あなたがたも私に留まりなさい。私は父が私を愛しておられるのと同じ愛であなたがたを愛している」と言われました。イエスは、内にあるいのちのつながりについて語っておられます。いのちを与えるつながりこそが、イエスを死の場所から、いのちへと移すのです。イエスが提供してくださる喜びの経験は、幸福感ではありません。それはただ単に「気分が良い」ということではないのです。喜びは別のものです。イエスの喜びは、決して悲しみと切り離されたものではありません。

この世界はとても奇妙です。この世界は私たちの深い悲しみと喜びの経験を、悲しい気持ちと幸福感という二つの異なる感情に分離させます。「この世界はとても深い悲しみに満ちているから、生き残るためにときどき幸せな瞬間をもつ必要がある」と、この世は言います。ハッピーアワーのようなものです。「私たちの深い悲しみを忘れるためにほんの少しの幸せを作ろうじゃないか」と言います。この世は、「人生は基本的に悲しく、憂鬱で、哀れなものだ。でも、幸せの小さな島々を作ろうじゃないか」と言います。コマーシャルで宣伝されているたくさんの商品は、これと関係があります。あなたをほんの少しの間、幸せに感じさせるような小さなオモチャを、多くの会社が生み出します。けれども、イエスが喜びについて語っておられたときに意味していたことは、一時的な幸福感のことではないのです。

また喜びは、根無草と型どおりのルーティーンとのちょうどよい中間点ではありません。そうではないのです。喜びは人生の重さからの一瞬の休暇ではありません。喜びはこの世の問題から逃避するためのものではありません。イエスの提供される喜びは、霊的な秩序です。単なる感情的なものではないのです。ただ肉体的なことでもありません。それは霊的な贈り物です。喜びの賜物です。

喜びは、私たちが深く悲しんでいるときでも、痛みの中にあるときでも、私たちの人生が困難であるときでさえも、そこにある贈り物です。イエスが与えてくださる喜びは、とても、とても難しい状況の中に存在する喜びです。私は、客観的にその人生を見るなら、「なんということだ、そんなに多くの悲しみや、苦しみの中でどうやって生きることができるのだろう?」と思わせられる人びとに会ったことがあります。それでも、日々どのようなことが起ころうとも左右されることのない、この喜びがあるのです。もっと深いものがあるのです。深い一体感があるのです。

霊的生活において喜びが、深い悲しみと幸せ、痛みと楽しみを抱きかかえていることを私たちは気づき始めなければなりません。それはより深く、より満ちているものです。何かがもっとあるのです。私たちの中に残るものがあるのです。それは神に属するもので、とても奥深いものです。人生の中でとても苦しいことに直面しているときですら、私たちが経験することのできるものです。教会が私たちに教えたいと願うことがあるとすれば、それは神の喜びがどんなときでも私たちと共にあるということです。病気のとき、健康なとき、成功しているとき、失敗したとき、誕生のとき、死のとき……。神の喜びは、決して私たちを置き去りにすることはありません。

私たちはそれを垣間みることができます。たとえば、死を間近にしている人たちと共に働く人たちと話をするとき、その人たちがとても喜びに満ちていることがあると気づきます。ホスピスや高齢者施設で働く人たちは毎日死に直面します。けれども、彼らがいわゆる「悲しい」状況にいつも関わっているにもかかわらず、彼らは喜びに満ちた人たちであることが多いのです。彼らが心の中にもっている喜びは、ただ成功や失敗とか誕生や死とかではない、別の性質のものであることに気づきます。時には、極貧の人たちと共に働いている人たちがアメリカやその他の豊かな国に来ると、貧しい人たちのところに戻りたくてたまらなくなることがあります。どうしてでしょう？　彼らは惨めさが好きではないのです。彼らは取り去られることのない喜びをもって生きることを、貧しい人たちと一緒に住んでいるときに学んだ人たちなのです。実際、苦しみが自分たちの喜びを知るようさせてくれたのです。その喜びは、私たちが本物の幸福の代替え品としてよく用いる物質的なものよりもっと深いのです。

霊的生活の中では、この世界が教えることと、とても異なる何かがおこなわれていることに、私たちは気づかなければなりません。私たちはこの世界で成功を収めなければならないという声に囲まれていますが、イエスは、「貧しい人たちのいるところ、傷んでいる人たちのいるところに私と一緒に行こう。あなたはそこで喜びを見つけるだろう。貧しい人たちは幸せだ。嘆いている人たちは幸せだ。迫害されている人たちは幸せだ。貧しい人たち、平和をつくっている人たち、迫害されている人たちは喜びに満ちている」と言われます。すべてのことがひっくり返っているのです。神の目には、喜びは深い悲しみの真ん中に隠されているからです。

喜びは人間の痛みの中心に隠されています。私たちは十字架上のイエスをあえて見上げ、イエスの処刑を見て、このように言うことができます。「十字架に私の喜びがある」。私たちは十字架を希望のしるしとして語ることができます。なぜなら、十字架に近づけば近づくほど、私たちは新しいいのちに近づくということを知っているからです。なぜかはわかりませんが、私たちの経験する痛みは産みの苦しみのようなものです。新しいいのちが勢いをもって出てくるように感じるのです。あなたと私の人生の苦悩、痛み、そして苦しみが、全く新しいものを生み出すための道として経験されるのです。

私たちが自分の痛みに満ちた存在の現実に、より十分に、より深く入っていくときにこそ、エリザベトの胎の中で喜びのあまり躍り上がった子のように、私たちの中で躍り上がる喜びに、ふれることができるのです。エリザベトに悲しみがなかったわけではありません。彼女は自分の悲しみの中から喜びが生まれることを知っていたのです。イエスが私たちと共に苦しむために来られたから、私たちが喜びに満たされることができるようになったということは、いのちの神秘です。イエスは、私たちが苦しむことがないように来られたわけではなく、私たちが永遠のいのち、継続する喜びを味わうことができるようになるために来てくださいました。そのいのちと喜びは神に属するものであり、もうすでにこの世にあり、今すでに、まさに、ここに、あるのです。

私たちが自分の痛みに満ちた状況に直面することができるとき、この痛みの中に隠されたものは宝であることを発見するでしょう。それは〈いま・ここ〉を私たちが体験するために存在している喜びです。

このことを知るようになることはとても大切です。それが霊的な生活であり、神との生活だからです。それは私たちの中で喜びとなるあの愛を知るようになることです。私たちが自分たちの中にあるその場所を一度知るなら、私たちの浮き沈みの多い生活の下を流れる確かな底流にふれることになります。すべての揺れ動きの下には、喜びという深く確かな神聖な流れがあるのです。私たちにふれ、私たちに告げる神の愛が、信頼することのできる愛として、そこにあるのです。誰もそれを私たちから取り去ることはできません。偉大な聖者たちは皆そのことを語っています。苦しんだすべての人びとがそれを語っています。それこそが私たちの家です。神の場所です。あなたが安全でいることのできる場所です。あなたに対してこの世界の力が及ばない場所です。イエスは言われます。「あなた方はこの世に属してはいない。あなたは神に属している。私に属している。父に属している。聖霊に属している。あなたはこの世のものとしてではなく、この世界に生きるように招かれているのである」。

私たちはどのようにして喜びあふれることができるのか？　自分の生活に喜びをもたらすことができるのか？

とても大切な一つの言葉について語りたいと思います。それは「祝祭」という言葉です。まず第一に、祝祭というのは喜びから生まれる生き方です。私たちは祝うことに招かれています。祝うことにより、喜びを実践するようにと招かれているのです。

私たちはどのように人生を祝うのかを学ばなければなりません。人生を祝うことはパーティーではありません。けれどもそれは、すべての瞬間が特別であるという継続的な気づきであり、その瞬間をひき上げて、天からの祝福であると認識することが求められています。ジャン・バニエや知的ハンディのある人びとと一緒にいたとき、私は彼らがいつもこのことをおこなっているのを見ました。教会は私たちを祝祭に招きます。クリスマス、エピファニー、イースター、レント、ペンテコステなど、私たちは聖なる期節を祝います。私たちは誕生日や記念日を祝います。収穫感謝祭を祝い、メモリアルデーを祝います。私たちは祝うのです。

けれども、それは祝うことの一部分でしかありません。私たちはもっと遠くに行かなければなりません。祝うということは、ある瞬間をひき上げて、「これは神の瞬間だ」ということです。祝うことは今日という日をひき上げて、「この日は主が造られた日だ」ということです。収穫感謝祭のときだけでなく月曜の朝にも、です。喜び、歓喜しましょう。祝いましょう。私たちがいのちを祝うことができるのなら、それが特別な機会でなくても、私たちにはたくさんの喜ぶべき出来事があることに気づくでしょう。何かが起こっていて、その何かが生まれ出ようとしている。だから私たちは、喜ばなければならないと気づくのです。

もう一つのお話をさせてください。

先ほどお話ししたように、私がペルーにいたとき、私が泊まっていた家の人たちはとても貧しかったのです。彼らは何も持っていませんでした。私のための部屋はなかったので、私は屋根の上で寝ました。屋根の上にベッドを乗せただけです。ペルーでは全く雨が降りません。いつも雲がありますが、雨は絶対に降らないのです。何か月かそこで暮らした後、私は「来週ここを去ります」と言いました。彼らは気に留めませんでした。なぜなら私はまだそこにいて、いなくなっていなかったからです。彼らの心には掛からなかったのです。けれどもとうとう土曜日の朝、私は「後一時間で出発します」と言いました。私がスーツケースを持っていたので、彼らは私が去ろうとしていることを見て取りました。彼らは私を愛していて、私も彼らを愛していたので、母親のソフィアは幼いジョニーにお金を与えて、ジョニーは店に走って行きました。それは正午で、私のバスは後三十分で出発することになっており、私は心配になってきました。けれども小さなジョニーは帰って来て、その手には大きなコカ・コーラのボトルとクッキーが二つありました。彼は「パーティーをするよ」と言いました。彼は家族用の一つのコップにコーラを満たし、それぞれがそのコップから一口ずつ飲みました。それからクッキーを小さく割ってみんなで分けました。十三歳のパブリートが「ちょっと音楽を鳴らそう」と言いました。どこから来たのかわからない古い、調子の狂ったレコードプレーヤーがあって、彼は「音楽をかけよう」と言って、スイッチを入れました。彼は「踊ろう！」と言いました。十二時でした。私は十二時十五分にはそこを出なければならないのに、パーティーをしているのです。ほんの少しのコカ・コーラ、ほんの少しのクッキー、そして少しのダンス。彼らは笑って、笑って、そして、さようならを言ってくれました。それからみんなは私のスーツケースを持って、バスまで私と一緒に歩きました。それは立派な送別会で、私は今、聖餐式を祝ったのだということに気づきました。

私が喜びを知るようになるための何と素晴らしい賜物を彼らはもっていたのでしょう。私は彼らの貧困や問題、医療的ケアの必要性を知っていました。それはみな、とても現実的なもので、彼らは多くの助けを必要としていました。けれどもその只中で彼らは喜びに溢れていました。

祝祭というのは、良い時間だけを祝うことではありません。歓喜は人生のすべてを抱擁します。辛いときや離別や死からも隠れることはありません。死を祝うのは、それが望ましいことだからではなく、死が私たちに最終的な権威をもっていないからです。実を結ばない死はないのです。

私たちは痛みを祝うことができます。それは痛みが良いことだからではなく、私たちが痛みのために祈り、共にパンを割くことができるからです。困難な時をひき上げることができます。感謝と共に高く上げるのです。

祝祭というのは、本当は感謝の表現です。死は最終的宣告ではありません。苦悩、痛み、苦闘、戦争などすべては、どういうことか、最終的な力をもっていないのです。神は、生きている者の神です。

「あなたがたはいのちを受け、豊かに受けるでしょう」。

ハンディをもっている人たちにとって、人生は厳しいものになりえます。けれどもジャン・バニエとハンディのある仲間には、いつも何か祝う理由がありました。彼らの家は、小さなキャンドルや飾りや花や、歌でいっぱいでした。いのちを与えてくださるお方に向かって、感謝と共に高く挙げられない日は一日もありませんでした。

祝えば祝うほど、私たちは交わりの中にあることに気づきます。祝うことは共同体を生み出すことです。それは私たちの間に宣言される神の国の最初のしるしなのです。そこに微笑みがあろうと、涙があろうと、祝うことはいのちの神への信仰を行動に表す方法です。祝いは私たちの浮き沈みのすべての下を流れる、深い喜びの底流をあらわにするのです。

イエスは私たちに報酬として喜びをくださいます。それは後のことだけではありません。今です。嬉しい瞬間だけでなく、悲しみの中にも与えられるのです。喜びは私たちの苦しみの中に隠されており、共に生きる生活の中に表されます。

イエスについていくことのもう一つの面があります。それをすぐに理解することは少し難しいかもしれません。イエスについていくことは、二〇〇〇年前に生きておられたイエスについていくということだけを意味してはいません。ある人たちは、「その時代に生きていたらよかったのに。それが二〇〇〇年も前のことで、イエスさまのことを想像することしかできないのは残念だ。ずっと昔に生きていた会ったこともない人のことを夢想しなければならない。この人、ナザレのイエスについていくために、記憶を用いることにしよう。イエスさまがしなさいと言ったことをするように努力して、今の私たちの時代に適応させよう」。

けれども、イエスについていくことは、誰かの記憶を辿るということよりもはるかに意味あることです。私たちが空想したり、夢想したり、想像によってよび起こそうとする誰かについていくこと以上のことです。イエスについていくことは、よみがえりの主に従うことです。イエスについていくことは、歴史の主、私たちと共にいま・ここに、この瞬間におられる主についていくことなのです。それは感傷的な記憶ではありません。それは私たちがほとんど知らない誰かに対する「敬虔な」感じではありません。そうではないのです。それは、いま・ここで、私たちと一緒におられる方に導いていただくことなのです。本当に私たちの間に主として存在しておられ、死からよみがえり、すべての人をいつでもその腕に抱く主となられた方に導かれることです。ですから、イエスは現在、いま・ここにおられる主なのです。

この違いを理解することはとても大切です。

私の家には、エルサレムで見つけたアンドレイ・ルブリョフのイコンがあります。それは復活の主のイコンです。ただナザレのイエスではありません。よみがえりの主です。人となられた主。ナザレで、ベツレヘムで、そしてエルサレムで、私たちの間に生活されたお方。けれども高く挙げられ、すべての者が膝をかがめて主と讃美するためにすべてに勝る名を与えられた主です。

このイコンは、私の家の小さなチャペルの中心となりました。あなたと私に従うようにと招いている方は、御国の門であり、永遠のいのちへの扉、道であり、真理であり、いのちであり、神のただ独りの御子、威厳と栄光に満ちておられ、豊かないのちを与えてくださる方、私たちの主、いつも私たちを神のいのちの神秘の中に近くひき入れてくださる歴史の主、よみがえりの主であることに気づいていただきたいのです。彼は私たちがおしゃべりすることのできる、居心地の良い友人ではありません。それは霊的な生活ではありません。彼はあなたを神との交わりの中に招かれる主なのです。

このイコンの目を見ると、かなり厳しい目をしています。けれどもその目の向こうに神の愛の永遠性が見えます。それはあなたが行こうとしている場所に行くために、一緒に歩き回ってくれるイエスではありません。あなたを永遠のいのちに導いてくださるお方なのです。この歴史の主に祈ることにより、そして従うことにより、あなたは神の永遠の愛の神秘の中にひき入れられることでしょう。このイコンとそのイメージと共に祈るなら、このお方が裁き主であるから厳しく、しかし、憐れみ深い主であるから、穏やかな、主であることを見出すことでしょう。イエスは愛に満ちた主であり、その愛にあなたを招いておられます。イエスは真理と美の主です。イエスについていくことは、あなたに毎日、毎日語りかけ、いつも神との交わりに深く深く招いてくださる主に従うことだということを発見するでしょう。

イエスについていくことは、神の親密な神秘の中へとさらに入っていくことです。神が人となられたので、私たちはイエスを通して、イエスと共に、聖霊の交わりの中、父なる神の栄光にあるイエスの中へ導かれていくことができるのです。復活の主のイコンは、私たち皆がもっている偉大な使命を思い出させるものです。その使命とはこの偉大な神秘に近づいていくということです。

主イエスさま

忙しい仕事とたくさんの心配事の中で、
私の目をあなたに向けたいと思います。あなたこそが主、
私をあなたの国に招いてくださる主、
あなたと共に休むことを見出すようにと招いてくださる主、
回心へ、新しいいのちへ、新しい希望へと招いてくださる主です。
あなたが、私をここへと招いてくださったことに感謝をしています、主よ。
私が新しくなることができますようにお助けください。そして私をとおして、
多くの人たちが癒され、新しいいのちを見出すことができますように。

アーメン

第6章

約束

「私はいつもあなたと共にいる」

イエスは弟子たちに言われた。「しかし、実を言うと、私が去って行くのは、あなたがたのためになる。私が去って行かなければ、弁護者はあなたがたのところに来ないからである。私が行けば、弁護者をあなたがたのところに送る」。

ヨハネによる福音書一六章七節

「私は父にお願いしよう。父はもうひとりの弁護者を遣わして、永遠にあなたがたと一緒にいるようにしてくださる。この方は、真理の霊である。世は、この霊を見ようとも知ろうともしないので、それを受けることができない。しかし、あなたがたは、この霊を知っている。この霊があなたがたのもとにおり、これからも、あなたがたの内にいるからである」。

ヨハネによる福音書一四章一六節―一七節

イエスは言われた。「私は天と地の一切の権能を授かっている。だから、あなたがたは行って、すべての民を弟子にしなさい。彼らに父と子と聖霊の名によって洗礼を授け、あなたがたに命じたことをすべて守るように教えなさい。私は世の終わりまで、いつもあなたがたと共にいる」。

マタイによる福音書二八章一八―二〇節

主なる神が初めてご自身の名前をあらわされたのは、燃える芝のところでモーセに語られたときでした。神は「私はいる（ある）、という者である」（出エジプト三・一四）。「私はあなたの先祖の神、アブラハムの神、イサクの神、ヤコブの神である」（同三・六、一五）と言われました。これは神はご自身をご自分の民にあらわされたとき、ご自身をご自分の民と共におられる方としてあらわされたということを意味しています。なぜなら「私はいる」という言葉は、文字どおり「私はあなたとともにいる者である」という意味だからです。「私は誠実な神、あなたと共に旅をする神として、いる」、「私はあなたと共にいるために来て、あなたのところに留まる神として、いる。私はいる。私はあなたに誠実な自分として、いる」という意味です。「私はいる」という言葉は、「あなたと一緒に留まる方」「あなたを置き去りにしない方」「荒野をあなたと共に旅し、新しいいのちを見出すことを助ける方」という意味です。神は言われます。「私はあなたの仲間として、いる。一緒に旅をする道連れだ。私はあなたをあまりにも愛しているから、あなたといつでも一緒にいるのだ。私は夜には、あなたが道を見出すことができるように松明となろう。昼間には、あなたが約束の地に向かって旅することができるように雲となろう。私はあなたを決して一人にはせず、あなたが道を見出すことができるように一緒にいるあなたの神である」。

キリスト者の信仰の最も美しい一面は、イエスがあらわれたとき、インマヌエル、私たちと共におられる神としてあらわれてくださったことです。私たちはイエスを通して、神が私たちと共におられ、私たちと共に留まる、と約束されたことをどれだけ真剣に捉えておられるのかということに気づかされます。イエスにおいて、神の誠実さがいっそうはっきりと目に見えるようになりました。なぜなら、イエスにおいて神が人となり、私たちの間に住まわれたからです。神は私たちの間にテントを張られたのです。神は私たちの間に生きられたのです。私たちと少しも離れたいと思われなかったのです。私たちとひとつになりたいと願われたのです。

私たちと共におられる神、インマヌエル。

ですからイエスは、神の民がまったく想像できないほどに、神の民と近くなりたいと願っておられる神をあらわされたのです。福音の偉大な良き知らせは、まさに私たちの苦闘を共有し、私たちの道を歩き、私たちの痛みを苦しみ、私たちの死を死んでくださるために、神が私たちと共にいたいと願っておられるということです。ですから私たちは「神が私たちと共有しない人間性は何もない」と言うことができます。それこそが、素晴らしく良い知らせです。神は私たちのいのちのすべての側面において、共におられるのです。

私たちがふだん深く理解もせず、考えもしないもう一つの不思議があります。それはイエスで終わりではないということです。さらに何かがあるのです。私たちと共におられるためのさらに素晴らしい道があるのです。イエスは私たちに語られます。「私が去って行くのは、あなたがたのためになる。私が行けば、私の霊をあなたがたのところに送ることができる。そして私の霊はあなたがたの内に住むことができるようになる」(ヨハネ一六・七)。ここでイエスは、神がとても親密で、非常に個人的なしかたで私たちと共にいたいと願っておられるので、私たちは、神が私たちの内に住んでおられ、最も親密に私たちの内におられる、ということができることを表しておられます。私たちと「共におられる神」は、旧約聖書において私たちと共に旅をされる神であり、私たちと共に苦しまれる方です。そして神は「私たちの息の中におられる神」です。私たちは神の霊を呼吸するのです。

呼吸以上に親密な交わりを想像できるでしょうか。それはとても親密で、とても深いので、そのことについて考えることすらありません。「私は今日とてもよく息をしている」とは言いません。それを言わないのは、それがあまりにも私たちに近くて、あなたの呼吸そのものがあなただからです。神はそれほどの近さを選んで、私たちの息となられたのです。「霊」（プネウマ、pneuma）は、呼吸という意味です。

イエスは「私が去ることは良い。なぜなら私の息をあなたに送ることができるからだ。するとあなたは、あなたの中で私のいのちを呼吸することができるようになる」と言っておられます。イエスがついに「私は世の終わりまでいつもあなたがたと共にいる」と言われるときに、私たちはこのことを理解しはじめます。イエスは、「私はあなたととても親しくなるので、あなたと私はひとつになる。あなたは私の息を呼吸し、『私が生きているのではなく、私の内にいるキリストが生きている』と言うことができるようになる」ということを意味しておられるのです。

あなたと私は、キリストのような神の生きた現れとなるように召されています。神が私たちの間にそれほど親密なしかたで住まわれるので、私たちはこの世界においてまさに神の栄光の現れとなるのです。それは偉大な神秘です。偉大な約束です。聖霊の約束です。

私たちはこの約束にどのように応答するか？

イエスが「私はいつもあなたがたと共にいる」と言われるとき、このイエスの臨在が本当にどういう意味なのか、私たちにどのような影響があるかを考えてみなければなりません。それについて三つのことを語りたいと思います。まず初めに、不在の中の神の臨在について話をしたいと思います。第二に、未来のための願いを生み出し、わたしたちを前進させる神の臨在について話します。最後に、イエスの臨在を私たちの日常生活において具体的に実践することについて話したいと思います。

不在をとおしてあらわれる臨在

時に私たちはある人がそこにいるからというだけでなく、その人がいないことによって、その人と親密になることがあります。存在によってだけでなく不在によっても、また来ることだけによってではなく、別れることによっても互いに親しくなることができます。私たちはいつも去ることと戻ることをくり返すことによって親しくなっていきます。

そのことを少しの間、ご一緒に感じてみたいのです。そうすることによって、霊的生活の神秘にふれることができるかもしれないからです。

一つのたとえをお話しさせてください。

あなたがお父さんとお母さんを離れるとき、自分の家や家族を離れた後に初めて、自分の両親を新しい見方で見ることができるようになり、新しい親しさを経験することができるようになります。

私も自分の人生でそれを経験しました。私はオランダで育ちました。ですからアメリカに引っ越したとき、私は両親の元を去りました。けれども会わないことによって、私は新しいしかたで彼らと繋がることができるようになりました。私たちは新しい親密さを感じ、新しい交わりを感じるようになりました。それはまるで彼らと一緒にいた時には彼らのことを見ることができていなかったかのようでした。彼らが私をどれほど愛してくれているかに気づくため、いくらかの距離が必要だったのです。離れることによって初めて、彼らの愛をはっきりと深く感じることができるようになったのです。私が家で両親と一緒にキッチンやリビングルームにいたときには、すべてが当たり前のように見えました。けれども一歩離れたとき、それまで見たり感じたりしたことのなかったものを見て、感じるようになりました。不在によって私と両親との関係は深まったのです。

もう一つのたとえを話させてください。

私たちは誰かを訪問してごく普通の会話をします。けれども興味深いことに、その訪問そのものと同じほど、訪問したことの記憶が力強いものであることが多くあります。病気だった人はこのように言うかもしれません。「私が病気だったとき、彼が私を訪問してくれた」。訪問をしてくれた人の不在の中で、一緒にいたときには経験しなかったような感謝や愛が育ちます。ですから、私たちが互いに訪問し合うことは大切です。その訪問の中で何かが起こるからということではなく、一緒にいることと同じぐらい、去ることが大切なときがあるからです。私たちが病気の友人を訪問するときこのようにいうことができます。「私は一、二時間ぐらいしか一緒にいられないんだ。他にしなければならないことがあるから。でも、私が去ることはあなたにとって良いことだと思うよ。私が帰った後、この訪問があなたにとって良いことだったと考え始められるかもしれないから。私がいない間、何か新しいものがあなたに送られていることをあなたが知ることができるように、私の霊の一部をあなたのところに残していくね」。私たちの多くはこのような経験があると思います。誰かが私たちから去っていくとき、自分がその人にどれだけ愛されているか気づくのです。その人がいるところでは経験できないかもしれないけれども、それをその人のいないところで経験し、感じることができるのです。

もう一つのたとえは手紙を書くことです。

顔を合わせている時には絶対に言えないようなことを、書くことによって伝えることができると思いませんか。私たちにはその人のことを考えるためにわずかな不在が必要です。それから座って書くことができるのです。「あなたを愛しています。あなたは私にとってとても意味ある人です。あなたのことをとても心にかけています」。その人がいるところでは少し恥ずかしすぎて、少し難しくて、少し直接的すぎるので、そのように言うことはできません。けれども少しだけの距離があると、私たちは「あなたのことを考えています。あなたと知り合えてとても感謝をしています。あなたのことを心にかけていることを知っていただきたいのです」と書くことができます。手紙を書いている間に、親近感が増してきます。そこにいない人が私たちの心の中でより親しくなり、その人の魂が私たちの中に生きているような交流を感じるのです。その人の不在と距離によってのみ可能になる、新しい親密さというものがあるのです。それによってその人にもう一度会いたいという願望が生まれます。不在がなければ、その願望はそんなに強くないかもしれません。

おそらく不在の中の存在の最も意味のあるたとえは、私たちの死と私たちの愛する人の死でしょう。私は、死んで私たちから離れていった人びとと愛を深めることができると信じています。生きているときには互いを部分的にしか知り合うことができなくても、信仰の民として、死をとおして新しい方法で互いを知るようになります。

どうにかして私たちはあえてこのように言わなければなりません。「兄弟、姉妹、私が去って行くこと、死ぬことは、あなたがたにとって良いことです。なぜなら私が死んだらあなたがたは私を新しいしかたで発見するからです。私が死ぬとき、私は新しいしかたであなたがたのところに存在するようになります」。みなさんのうちの大勢の方が、両親や、子ども、友人を亡くされたことと思います。亡くなった方々とあなたの間に新しい親密さが生まれることを感じておられる方もおられることでしょう。彼らの思い出が、あなたの人生の中で現実的で生き生きとした存在になるのです。

私たちの人生の中で亡くなった人たちがみな、私たちの心の中で特別な場所を占め、私たちの人生を養い続けてくれていることに気づくことがあるでしょう。彼らは私たちの道を導き、私たちの人生を深めてくれます。これは偉大な神秘です。イエスが最も豊かなしかたで私たちに表してくださる神秘です。イエスは言われます。「私が去って行くのは、あなたがたのためになる。私が去って行かなければ、私の霊はあなたがたのところに来ないからである。私が行けば、私の霊をあなたがたのところに送る。そして私の霊はあなたがたを真理に導く」（ヨハネ一六・七）。「真理」という言葉は教理や教義を意味しているのではなく、完全な「婚約」（betrothal）関係を表しています（"troth" は真理という意味）。「私は親密さを与えよう。私の霊はあなたを神との完全な婚約へと導くだろう。これは私が去ることによってのみ可能なのだ」。イエスの死は私たちにとって良い死でした。そのことによってイエスの霊が、私たちを神との最も親密な交わりへと導くことができるようになったからです。

イエスが去って行かれたことは良いことでした。イエスはご生涯の中で理解されることはありませんでした。弟子たちはイエスを理解しませんでした。弟子たちはイエスが話しておられたことがわかりませんでした。最後まで、キリストの十字架まで、彼らは逃げていたのです。昇天の山で彼らはまだ疑っていました。彼らは言いました。「あのう、今こそイスラエルの力を回復してくださるはずですよね」。「ローマ人を放り出してくださるはずではなかったのですか」。「ここで政治的問題を解決してくださるはずではなかったのですか」。彼らは知らなかったのです。

彼らは、イエスが「これは私の体だ。これは私の血だ」とおっしゃったとき、知らなかったのです。彼らは、イエスが「私はいのちである。私はよみがえりである。私は扉である。私は真理である」と言われたとき、わからなかったのです。彼らはなんとなく感じてはいました。けれども彼らは、自分たちの限られた見方の中に当てはめようとして解釈をし続けていたのです。

けれどもイエスは言い続けられました。「私はあなたがたが後でわかるように、今話しているのだ。私が去った後、私が話していることがわかるようになるから、今これらのことを話しているのだ。私が私の霊を送るから、私の霊はあなたがたに私の話したことすべてについて教えるだろう。私が父から学んだことはすべて、霊があなたがたに教えるであろう」。

イエスが本当にどなたであったかを私たちが理解するために、イエスが去らなければならなかったということに気づくことはとても重要です。弟子たちは困惑していました。けれどもイエスは言われたのです。「出て行ってはならない。物事を始めてはいけない。ただ聖霊が来るのを待ちなさい」。

聖霊が実際に来られたとき、すべてが変わりました。彼らは見て、理解したからです。彼らは、自分たちが何か特別なことの一部であったことに気づいたのです。突然、彼らは内なる生活、キリストにある生活を生き始めることができるようになりました。彼らはキリストと共に旅をしてきたかもしれませんが、聖霊が来られるまで、彼らはキリストにおいて旅することができませんでした。彼らはイエスが亡くなる前には、「私が生きるのではなく、私の内にキリストが生きているのだ」とは言えませんでした。言えなかったのです。

聖霊が来られて、キリストの息、キリストの霊が彼らの中に来られた時に初めて、それを言うことができるようになりました。彼らは、「私は生けるキリストである」「私が生きているのではなく、キリストが私の中に生きているのである」と言うことができました。彼らは自分の内にキリストが生きる者たち、生ける神のご臨在そのものとなったのです。

彼らが自分たちの中にキリストのいのちが与えられたことを見つけた途端、すべての限界が突破され、全世界に出て行きました。聖霊の偉大な神秘は、キリストは時代を超えて私たちと共におられるキリストだということです。キリストは、最も親密なしかたで私たちと共におられるキリストです。私たちは、共におられる神、というだけでなく、共におられるキリストが、私たちを全世界に送り、すべての国々、人びとへと送り出されるのだ、と言うことができます。

私たちは一つの国に限られることはありません。なぜなら、キリストの霊においてすべての場所が私たちのものだからです。全世界が私たちの旅する場所です。なぜなら、私たちはもう家に着いているからです。私たちはもうすでに神の中にいるからです。私たちはもうすでに交わりを見つけており、どの家族、どの国、どの状況にも限られる必要はないからです。

私は、みなさんがこのことを理解してくださるよう願っています。これをうまく言うことは難しいのです。これは偉大な神秘です。私たちは霊的な生活を生きることができます。それはキリストの霊が私たちの中に住まれる生活です。霊が限界から解放してくださる人生を生きることができます。私たちがどこに送られようとも、家にいることができるように、聖霊は私たちを解放してくださるのです。

そして、これは不在の中に起こること、「私が再び来るまで、あなたがたを送り出す」と言われるイエスの、不在の中に起こることです。

未来に表される臨在

「聖霊はこれから来ようとしていることをあなたがたに教えるだろう」。

私たちにとって未来が、心配とおそれの源であることがよくあります。私たちにはありとあらゆる疑問があります。私の子どもたちが病気になったらどうしよう。失業したらどうしよう。私の妻、あるいは夫が私から去ってしまったらどうしよう。戦争が起きたらどうしよう。私たちのもつおそれが、私たちを現実からひき離し、私たちの内にある霊の火を消してしまいます。

神が聖霊を通して私たちといつも一緒にいてくださることを信じるとき、私たちは未来を現在から生じさせることができます。私たちが本当に神が私たちと共におられることを信じ、今すでに神の霊を呼吸していることを信じるなら、未来のことを心配することはありません。次に何が起こるかを心配しなくていいのです。私たちが十分に霊のいのちを生きているのなら、人生の旅路の中で未来は現在から開かれていくことに信頼をおきはじめることができます。

人生における最も大きな誘惑の一つは、自分たちを出し抜いて生きようとして、いま・ここで起きていることを信じようとしないことです。私たちが生きているこの世界は、本物は来週、来月、あるいは来年起こるのだと信じさせるのです。キリスト者として私たちは、起きていることはいま・ここにあるということを信じるようにと促されています。この瞬間。今。もし私たちが今、現在をせいいっぱいに生きるなら、未来は育ちます。未来は自ら現れてくるのです。それは、私たちがすでに霊を受けているからです。私たちはもうすでに、永遠のいのちの始まりを受け取っているのです。私たちはすでに神の家にいるのです。私たちはすでに、神の息を呼吸しているのです。そこに留まり、注意深く耳を傾けましょう。

福音書の中に「忍耐」という素晴らしい言葉があります。福音書の中で、忍耐というのはあなたのいるところに完全に留まる、という意味です。この瞬間を十分に生きること、あなたの必要としているものはすべて、あなたのいる場所にあると信頼することです。短気な人はいつもこのように言います。「ここはいるべき場所ではない。どこか別のところにいたいのだ」。「今、この瞬間は虚しい」。「この瞬間は私のために何も提供してくれない。私はあちらにいたいのだ」。「明日、来年、また後で。私がもっと歳をとって、キャリアを積んで、金持ちになったら」などです。

私たちはいつも先を見ています。小学校の時は、高校生になることを考えています。高校生のときには大学生になることを。大学生になると、何か小さな仕事をしたいと思い、小さな仕事をしているときには、大きな仕事のことを考えます。大きな仕事をしているときには、退職することを考え、退職したら……。本物はいつも私たちの先にあるように思えるのです。私たちの多くは自分の先を生きていて、そのために神の霊が私たちといま・ここに、この瞬間に一緒にいてくださるという真理を味わっていないのです。

イエスは言われます。「忍耐をもちなさい」。忍耐とは、この瞬間のすぐそばに留まり、あなたのいる場所を十分に味わうことを意味しています。そうすることによって、この瞬間に蒔かれた種が成長して、あなたを未来に導いてくれるのです。未来は豊かな土地に蒔かれた種のように、現在の中に隠されています。私たちが立っている土地を肥やして、世話をするなら、約束されたものに手をふれることができるでしょう。

短気を起こしてはいけません。戻って行って、育っているかどうかを見るために種を掘り起こしてはいけません。そんなことをしたら種は成長しません。約束が与えられていること、そして、あなたが立っているその土地にそれが隠されていることに信頼を置いてください。それは強い木に育つでしょう。けれども時間をかけなければなりません。それはあなたに未来を表し、あなたのいるその場所に育つことでしょう。それが聖霊のなさることだと信頼してください。

良い知らせは、私たちの現在の瞬間が空虚ではなく、満たされているということです。時が満ちたとき、神は私たちのところに来られました。私たちの時間は満ちた時間となりました。それは聖霊が私たちに送られたからです。主が私たちと共におられるからです。それこそが私たちがまさに求めているすべてだからです。主と共に生きること、神と共に生きることです。もしそれが私たちの最も深い願いであるなら、神が私たちに聖霊を送られ、ご自分の息を送られたとき、それで十分ではないのでしょうか。みなさんに今、お聞きしたいのです。あなたが今、呼吸をしているこの瞬間に、完全にいることができますか。

私たちは現在の中に完全に生きることを学ばなければなりません。なぜなら、神はいつでも、「いま」の神、「ここ」の神だからです。私たちが生きるこの日は、主の日です。もし何かが起こるなら、それは霊的に根拠のあることであり、それはいま・ここで、この瞬間に起きているのです。あなたがそこに座っているときに。あなたが祈っているときに。いつでも「ここで」、なのです。霊的生活の素晴らしい芸術性は、あなたがいるその場所で霊の息遣いに注意を向けること、そして、新しいいのちの呼吸があるのだということに信頼することです。聖霊はあなたが先に進むにつれてご自身をあらわしてくださることでしょう。それが霊的生活の美しさです。あなたはそこにいていいのです。どこかに行かなくてもいいのです。この瞬間に完全に存在し、痛みの最中においてさえも、苦しみの最中に置いてさえも、神に属する何かがあなたの中に働いていて、あなたにそれを表したいと願っていることに信頼することができます。

ここにいてください。

静かになってください。

耳を傾けてください。

臨在の実践

私たちはどのようにして、実際に神のご臨在を知ることができるでしょうか。祈りと奉仕によってです。

祈り

祈りは、いま・ここにおられる神のご臨在の中に入っていくことです。祈りは私たちがこの瞬間に存在し、私たちと共におられる神に耳を傾けるための方法です。神はいつでも私たちがいるところにおられます。神は、時の終わりまで私たちと共におられます。私たちはここにいなければなりません。私たちは聴かなければなりません。私たちは注意を向けなければなりません。祈りは注意をはらうため、ここにいるための訓練です。

私は神のご臨在の実践の一つとして、あなたに祈りを実践するようにお願いしたいのです。たくさんの言葉を言う必要はありません。深い考えをもたなくてもよいのです。どのように考えるべきかと心配する必要はありません。ただその場所にいるだけでよくて、「あなたを愛しています。あなたを愛しています。私は、あなたが私を愛してくださっていることを知っています。そして私はあなたを愛しています。何か立派なことは言えません。素晴らしい言葉で表すこともでませんけれども、私はここにおります。そして、あなたに私と一緒にいてほしいのです。あなたと一緒にいたいのです」と言うのです。そんなに簡単なことです。とても単純なことなのです。祈りは複雑ではありません。難しいものではないのです。もし誰かがどのように祈るのですか、と聞いたら、「ただ座って、『主よ、私はここにおります』と言いましょう」と教えてあげてください。

妨害というのは、私たちが過去や未来に引っ張られることです。私たちは昨日起こったことを考えたり、明日起こることを考えたりし始めるのです。妨害というのは、私たちが、完全に、ここに、まだいないということを意味しています。まだ十分に存在していないことです。それでも大丈夫です。あなたは自分に向かって微笑み、「私は気が散っているな。まだここに完全にいることができないでいる。まだ十分に信頼していないのだ。まだ自分があちこちに散らばっている。私は祈りたいのに、昨日私を怒らせた人のことを考えて、彼女に何か言ってやらなくてはなどと考えている」と言うべきです。あるいは、「明日仕事に行かなくてはならないのに、息子は病院に行かなければならない。それなのに、私は明日あの人と会って、昇進のことについて話し合わなければならない」。そうです。それが私たちです。私たちは絶対に、完全に、ここに、いもし私たちが完全に、ここに、いたなら、それは天国でしょう。ですから、今私たちは絶対に、完全に、ここに、いないのです。私たちは、少しだけ過去に、少しだけ未来に、そして実際はいろいろな場所にいるのです。

けれどもそうであっても、「私はもっとここにいたいのです。なぜなら神さま、あなたがここにおられることを知っているからです。あなたが私を愛してくださっていることを私は知っています。私の必要なものはすべてここにあるのですから、私は今少しの間ここに座って、あなたが誠実な神さまであるということ、あなたが「私はいる」というお名前であることに感謝をしたいのです。あなたの御子イエスさまが私たちと共にいるために来てくださったことを感謝します。聖霊に感謝します。いつもそれを感じたり、経験したりすることはなくても、私の中にとても深く住んでくださっていることを私は知っています。私は自分がいつも呼吸していることを感じなくても呼吸をしていることを知っているからです。ですから、神さま、私があなたをいつも感じることがないとしても、あなたが一緒にいてくださることを私は知っています」と言うことはとても大事なことなのです。

祈りはそれほど単純なことであり、私たちが実践すべきことです。あなたが祈りを実践するとき、大きな報酬があることをお約束します。神さまは、ご自分がどれだけあなたの近くにおられるのかを知らせるために長い間お待ちにはなりません。あなたの過去や苦労に関してどんなに多くの苦闘があったとしても、それらの痛みは少なくなり、圧力が弱くなり、拘束性が少なくなります。それらはいつもそこにあるでしょう。あなたはいつも気が散っていて、心配していることでしょう。けれども、自分の中にそこから自由になることのできる場所があるのです。あなたには自分のおそれや心配事があって、それらはあなたを取り囲んでいることでしょう。けれどもそのすべての嵐の中心において、「あなたを愛しています。あなたは私を愛してくださっています。それは〈いま・ここ〉なのです。ここにいられることは良いことです。主よ、あなたのご臨在の中にいることは良いことです。私はこれ以上のものは何もいりません」と言うことのできる、この静かな場所があるのです。

奉仕

奉仕というのは、神の民のための何かに関与することです。

時に私たちは大きな事柄に関わることがあるかもしれません。たとえば、裸の人に衣服を与えたり、貧しい人を匿ったり、難民を助けたり、病気の人や収監されている人を訪問したりすることです。けれども、いつでも始まりは小さなことです。些細な仕草です。自分の家族や一緒に働く人たちに忍耐深い言葉をかけたり、カードを書いたり、花を送ったりすることによって親切にすることができます。

注意を向けてください。注意深くいてください。注意深く。

私たちが頻繁に祈り、神がいま・ここに私たちの中にいてくださることを知るとき、私たちは他の人に対してとても注意深くなります。なぜなら、自分のことばかりに心を占領されていないからです。自分たちのことに関しての心配が少なくなるのです。自分たちのことをあまり心配していないとき、私たちは他の人たちのことを、よりはっきりと見ることができます。彼らの苦闘を見るのです。彼らの美しさを見るのです。彼らの親切さを見るのです。彼らが私たちを傷つけようとしているのではなく、彼ら自身が問題を抱えていることが見えるようになるのです。私たちはもっと優しくなるのです。なぜなら、私たちは聖霊の臨在の中にいるからです。その人たちもまた苦しんで戦っていることに気づくことができるのです。

これが、イエスについていくことの最も素晴らしい、そして、最初に与えられる報酬です。突然、あなたの中におられる聖霊が、彼らの中の霊を見るのです。あなたの中におられるキリストが、彼らの中におられるキリストを見るのです。あなたの中にある神の心が、彼らの中にある神の心を見るのです。霊が霊に語りかけ、心が心に語り、キリストがキリストに語るのです。あなたはこの世界の中のキリストを見ることはできませんが、あなたの中のキリストが、世界の中におられるキリストをご覧になるのです。あなたはこの世界の中の神を見ることはできませんが、あなたの中におられる神が、この世界の中におられる神をご覧になるのです。霊的生活は、霊において、霊のために、霊に気づくことです。霊が霊をご覧になることに相互性があり、神が神を讃美することに相互性があるのです。

私たちは暴力や嫌悪や復讐や錯覚や野望という表面下に、良い人びとがいることを見ることができるようになります。私たちは彼らも神の民であり、神の霊が彼らの中を吹き、彼らに息を与えることに気づきます。私たちは人びとが素晴らしく、美しく、神の愛を共鳴している人びとであることを認めます。それを見て、嬉しく思います。私たちは、「あなたと一緒にいることができて嬉しい。なぜなら、あなたは私に神の愛を、さらに思い起こさせてくれるから」ということができます。共同体が生まれ始めます。新しいいのちが始まるのです。

私たちは何かを得るために奉仕をすることはありません。この世を救うための不安な必要性からではありません。何か変化が起こるという状況のもとで行動しません。違うのです。それがどんなに緊迫したものとなりえるかおわかりでしょう。もし私たちが、「この人を助けた方がいい」ということにだけ囚われていたり、誰かや、世界や、国や、政治や、社会の状態を変えるために物事をするのなら、――もし変化が奉仕の条件であるのなら――私たちはすぐにつらくなってしまうことでしょう。けれども、もし奉仕が、私たちがすでに経験した愛に対する感謝の表現であるのなら、私たちは自由になり、それほど懸命に頑張らなくても変化に関与することができるでしょう。奉仕はあなたが自分の中にいただいた贈り物の表現であり、それを他の人たちと分かち合いたいと願うことです。

ある意味、奉仕は感謝の行為です。私たちはとても神のご臨在に満ちていて、神の約束をとてもよく知っているので、それを抑えることができないのです。分かち合いたいのです。弟子たちは世界を回り、神が私たちと共におられること、今すでに神の臨在を喜ぶことができることを発表しました。弟子たちの貧しい人たちや飢えている人たち、病気の人たち、死にかけている人たちへの心遣いは、神の臨在への深い信仰の表現でした。「この最も小さな者の一人にしたのは、すなわち、私にしたのである」（マタイ二五・四〇）。

神の臨在を実践していくとき、貧しい人たちや苦闘している人たちや、傷んでいる人たちのいる場所に自分の心が向いていくことに気づくことでしょう。あなたは他の人びとに神が彼らと共におられることを知ってもらいたいと思うのです。奉仕はあなたの中にある新しいいのちをただ証することを意味しています。

あなたの中におられる聖霊が、苦しみ、痛む人たちへとあなたを近づけることでしょう。なぜなら、そこに神のご臨在があるからです。私たちはそこで人びとと共にいて、神が彼らを見捨てておられないことを彼らに表したいと思うのです。私たちは世界に何か素晴らしいことが起こっていることを伝え、聖霊が私たちのためにだけでなく、彼らのためにもおられることを伝えたいのです。そのことを前に押し出したいのです。「神の霊があなたの中におられて、その聖なる霊に従って生きることができることを信頼しなさい。そうすることによってすべてが新しくなります」と言いたいのです。

「あなたは自分が思っているよりも、もっとエネルギーをもつことができるでしょう。あなたは自分が壊れていると思っているかもしれません。実際にそうでしょう。でも、貧しく砕かれたあなたの只中に、何かがあるのです。あなたは贈り物をいただいています。その贈り物をあなたの中で結実させようではありませんか」。

あなたがおこなう小さな行為のすべてが、感謝の行為です。ヒューマン・サービス、隣人への行為、それが小さくても大きくても、個人でも、コミュニティーでも、国であっても、奉仕の活動は感謝から生まれるべきものです。

それは、エウカリスティア（聖餐、感謝、eukharistia）の行為でなければなりません。奉仕の行為は、神が私たちのところに来て、私たちの中に住んでくださっている事実、そして、神がご自分の息をすでにくださっていることによって、私たちにすでに永遠のいのちを与えてくださっているという事実を表現するものでなければなりません。私たちはもうすでに神の中にいるのです。私たちはもうすでに、死と悪の法則に打ち勝っているのです。それだからこそ、感謝に満ちた生き方をする自由があり、その感謝を隣人や、神の民や、世界に対するケアをとおしてはっきりと表すことができるのです。神のご臨在が、感謝に満ちた奉仕によって実践されるということを知ることはなんと解放感のあることでしょうか。祈りと奉仕はいのちそのものです。それらをとおして神の霊が、あなたに神を表してくださるのです。祈りと奉仕は、イエスについていくことの核心です。

イエスについていくことについて、私が皆さんにお話ししたかったことの終わりに到着しました。私の言葉が皆さんの心に植えられる小さな種となりますように。いま、その種にどんな価値があるのかなど心配しないでください。ただ種が植えられたことに信頼してください。おそらく来週か来年に、あなたは「あの本を読んでから何かが起こって、いま、実が実っている」と言うでしょう。それに信頼してください。これは新しい考えかもしれません。とても独特なことかもしれません。この本の中で神があなたのところに来てくださり、ある日、自分に向かって「気づかなかったけれども、私の中で何かが始まった。いま、その実を見ることができる」と言うことができるということを信じなければなりません。あなたはまだ知らないかもしれないけれども、信頼することはできます。ある日、あなたに明らかにされるでしょう。神はあなたに約束をくださっているのです。

主よ

私の沈黙の中で優しくお語りください。

私を取り囲んでいる外側の騒々しい音や、内側にあるおそれの大きな音が、私をあなたからひき離し続けます。私があなたのみ声を聞くことができないときでも、あなたがそこにいてくださることに信頼することができるように助けてください。

「重荷を負っている人は私のところに来なさい。私があなたがたを休ませてあげよう。私は心優しくへりくだっているからだ」というあなたの小さな、優しい声に耳を傾けることのできる耳をください。その愛の声を私の導きとしてください。

アーメン

（With Open Hands より）

編者のことば

この本は、ヘンリー・ナウエンが一九八五年にマサチューセッツ州ケンブリッジ市の聖パウロ教会で、レントの期節に語った六つの講演をもとにしています。それはナウエンの人生の中で不確かなときでした。長い間苦しんで考えた末、その二年前に彼はペルーでの宣教の活動から戻って来ていました。南アメリカからハーバード神学大学に移り、名誉ある教授の座を得た後も、孤独と焦燥感が彼について回りました。競争心と野心にあふれた大学の雰囲気は、すでに孤独と不安でひきこもりがちになっていた彼の感情を逆撫でするだけでした。不安な時にどのように生きるか、というこの講演は、エネルギーに満ちています。なぜなら、この主題はヘンリー・ナウエンにとって、ただの理論ではなかったからです。それは彼の現実でした。どのようにしてイエスについていくか、という問いは、彼自身への問いでした。それから四か月経たないうちに、彼は生涯保障されていたハーバードの地位を去って、トロントに移りました。ジャン・バニエによって創設された、知的ハンディをもつ人のための、共に生活をする共同体ネットワークの一つ、ラルシュ・デイブレイクという場所で牧者になるためでした。ナウエンは、この講演のために、イエスについていく人になることはどういうことなのかを明らかにしていくなかで、自分自身の召命が何かをはっきりと理解していったのです。

このナウエンの講義の内容は元々、音質の良くないオーディオテープに収録されており、それを私が書き起こしました。正確性を確認するために、他の二つの資料が用いられました。ハーバードの黙想に先立ってナウエンが自分で準備した、手書きの箇条書きのメモと、次の年にアイルランドのコークでナウエンが同じ主題で講演をしたときのテープです。これらの資料はすべて、聖ミカエル・カレッジ大学のヘンリー・M・ナウエン・アーカイブとリサーチ・コレクション、およびトロント大学から得たものです。

テープを初めて聞いたとき、自身が発見したことを掴むように、とナウエンが私に直接語りかけ、「本当に理解する」ことを熱心に願い求めていることを感じました。私はこの感覚を保持したいと思い、また、あなたや私が講義の一つに参加していたら、おそらく経験しただろうことをできる限り表現しようと思いました。

この講義の中のあの部分、この部分に賛成するかしないかという判断を、脇に置いていただきたいと思います。その代わりに、ナウエンが取り上げている事柄にご自分の経験が繋がるかどうかを問いかけてください。もしそうなら、どのようにでしょう？　ナウエンは、正しさを勝ち取ろうとも、討論で勝とうともしません。むしろ彼は、あなたが自分自身を発見するための管になることを求めています。

私の希望は、ナウエンの言葉が、あなたという存在の最も深いところで根を下ろすこと、そしてあなたが、家に帰るための道を見つけるために必要な何かを得ることができるように、ということです。

編者　ガブリエル・アーンショウ
二〇一九年四月二十九日
カナダ、トロントにて

これらのヘンリー・ナウエンの講演を書き起こし、編集することは大きな特別な恵みでした。テープに耳を傾けた長い時間は、まるで黙想のようでした。この大切でいのちを与える仕事を私に任せてくださった、ヘンリー・ナウエン・レガシー・トラスト団体のカレン・パスカルとその他のメンバーの方々に感謝をささげます。

私はずっと単独でこの仕事をしていましたが、孤独なプロジェクトではありませんでした。多くの方々がこの本にいのちを与える手助けをしてくださいました。

まず、ヘンリーの友人であり、彼の学生であったユッタ・アギエルに言及しなければなりません。彼女は一九八五年の実際の講演に参加していました。彼女はとても大きな思いやりをもって、私に個人的かつ実際的な援助を与えてくれました。私はそのことを心から感謝しています。

このプロジェクトのもう一人の中心的な人物は、ヘンリーの補佐スタッフを務めたことがあり、編集者、友人であったピーター・ヴァイスケルです。この講演の当時にヘンリーと一緒に働いていました。ピーターは私の下書き原稿を読んでくれ、顕著な変更と提案を与えてくれました。彼はこの本がよく書けていると励ましてくれるとともに、私がヘンリーの声をよく捉えていると認めてくれました。彼が費やしてくれた時間と努力に対して、心から感謝いたします。彼の承認の印はかけがえのないものです。

集まってくださったチームと一緒に働くのは素晴らしいものでした。私の編集者であるゲリー・ジャンセンは、私の判断を信頼してくれて、私が必要としていた空間を与えてくれました。さらにちょうど良い時に素晴らしいひらめきをもって踏み込んでくれ、それによってこの本は大いに良いものになりました。アシュレイ・ホン、キャシー・ヘネシー、マーク・バーキー、ソンヒ・キム、ジェシカ・セイワード・ブライト、サラ・ホーガンを含むその他のペンギン・ランダム・ハウスのチームは、今あなたが手にしている美しい本を生み出すのを助けてくれました。

ヘンリー・ナウエン・レガシー・トラストのメンバーである、サリー・キーフ・コーエンとジュディス・レッキーは、カレン・パスカルと共に、熱心な応援団であり、同時に吟味の目をもつ読者でした。サリーは明るい心と鋭い手際の良さで許可に関することをひき受けてくれました。ジュディスは第一稿から注意深く読んでくれました。カレンは素晴らしい助言と限りない信頼、そして重要な実際的なサポートを与えてくれました。みなさん、ありがとうございました。

ナウエンの理事会のメンバーであり、友人であるレイ・グレノンは、第一稿を読んでくれ、役に立つ感想を聞かせてくれました。

ヘンリー・ナウエン・アーカイブスとリサーチ・コレクションのリーズル・ジョーソンとサイモン・ロジャースは、私が投げかけた質問に対して、とても熟練した助けを与えてくれました。お二人とも、ありがとうございます。

アップ・イズ・ラウド・プロダクションのゲリー・ヴォーンは、オーディオ・テープ録音の音質の改善のために欠かせない助けを与えてくれました。まさに彼の専門知識と技術がなければ、この本は成り立たなかったでしょう。

ヘンリーの友人で、今は私の友人となったキャロリン・ホイットニー・ブラウンは、彼女の特徴的な機知と賢明さで、支え、励ましてくれました。

キャサリン・スミス、キャサリン・マニング、ロイ・シェーファー、リンゼイ・イエスク、ブリッジ・リング、ブラッド・ラツラフは、私を熱心に応援してくれた人たちであり、友人です。私の教会のベッツィー・アンダーソン、アン・ローランド、リン・ガイツ、リン・ブレナン、ジョン・オースス、パウラ・ニューストラテンのこのプロジェクトに対する揺るがないサポートを感謝します。これらの友人は、個人でも、共同でも、大いに支えてくれました。

この本をオランダとドイツで宣伝してくれたこと、またヘンリーの遺産を彼の母国で残すにあたり、たまわったすべてのことに対して、ヘンリーの弟であるローラン・ナウエンに特別な感謝をささげます。ローランは、彼の兄に対する愛と愛着を快く分かち合ってくれました。私の知っているヘンリーの本質の多くは、彼が教えてくれたものです。

ヘンリーの親しい個人的な友人であり、遺言の執行人であるスー・モステラーは、変わることなくこのプロジェクトを熱心に支えてくれ、欠けることがありませんでした。彼女の私に対する信頼は、私の船の帆を膨らます風のようでした。

序章で、寛大にもヘンリー・ナウエンを時の吟味を超えて立ち続ける霊的教師の一人とよんだリチャード・ロールに謝辞をささげたいと思います。私たちの世代の知恵の教師である方からのこの承認は、ヘンリーのレガシーへの贈り物です。細々としたことを手伝ってくれたリチャードのアシスタントのジェンナ・ボーランドにも特別に言及したいと思います。

感謝の最後に私の家族を挙げたいと思います。その中に私の姉妹、ヘイディ・アーンショウとクリスティーン・アーンショウ、そして私の母、マーレーン・ゴードンが含まれます。最後に、今まで二十年近くナウエンのことを話してきた私にずっと耳を傾けてくれた夫のドン・ウィルムスに、感謝をもって頭を下げます。彼はよく聞き、読み、編集し、批評し、そして刺激的な質問を投げかけてくれるのです。彼は、編集の過程のいろいろな段階で私と共に旅をしてくれ、それに疲れることはありませんでした。ドン、たくさんの愛と感謝をあなたにささげます。

訳者あとがき

ヘンリー・ナウエンの『イエスさまについていこう』をみなさまのお手元にお届けできることを大変嬉しく思います。

編者であるガブリエル・アーンショウが記しているとおり、本書はナウエンが一九八五年にマサチューセッツ州でおこなった講演会の内容を彼の死後に書き起こして、二〇一九年に出版したものです。ナウエンが一九九六年に地上の生涯を終えてから四半世紀以上の時を経てもなお、神さまが彼にお与えになった賜物を尊んで、後の世に残そうと努力している方々がおられることは、大きな慰めです。それはナウエンの言葉が、時代や場所、教派を超えて、数えきれないほど多くのキリスト者に霊的な導きを与えてきたからに違いありません。

私は一九九〇年代半ばに、アメリカのミシガン州にある改革派の神学校で学ぶ機会を得ておりましたが、その当時プロテスタントの神学校においてもナウエンの影響は非常に大きく、教授も学生も競うようにして彼の著書を読み、大いに霊的指南を受けていたことを思い出します。一九九六年にナウエンが突然天に召されたときには、そのニュースが学内を駆けめぐりました。ショックを受けた学生や教職員たちが彼の早すぎる死を惜しんで、涙を流しながらチャペルに集って祈っていました。その姿を目のあたりにして、ヘンリー・ナウエンという人物が有名な神学者、教師だという以上に、多くの人々の心に結びつき、深く愛されていた特別な人物なのだという印象を強く受けました。

ナウエンは信仰についての知識をもつことだけではなく、三位一体の神さまのご臨在を人生の中心において、それを経験しつつ生きることはどういうことなのかを、生涯をかけて明らかにしようとしていました。彼はまた、日常生活とキリスト者の生き方を深く結びつけることに長けていました。彼は誰の心の中にもある孤独――本当に自分は心の底から誰かとつながり、わかりあうことができるのかという疑問や、失望、悲しみ――という穴に向かって声を上げて、語ることを恐れませんでした。それは、ナウエン自身が自分の根幹にあったその問題に何度も向き合い、そこにみことばの光を当て、神さまの前に両手を広げて、その問題をおささげしていくことをくり返していたからでしょう。そして空になった両手に、神さまの無限の愛を、何度も、何度も、受け止めていたからに違いないと思うのです。彼の賜物の一つは、それをおこなうことのできた勇気であったのかもしれません。だからこそ、彼は同じ苦しみや痛みを抱えて旅路を行く者たちに寄り添って歩き、前方をさし示すことができたのです。そして、そのさし示す先にはいつでも、「私について来なさい」とおっしゃる主イエスがおられるのです。

そういう意味で、ナウエンの言葉はキリスト者が極端に少ないこの日本という国で日々苦闘している私たちのために、羅針盤のような役目を果たしてくれるのではないかと思います。主イエスは福音書の中で何度もくり返して「私について来なさい」と招いておられます。私たちを招いてくださる主イエスとはどのようなお方なのか、このキリストの招きに私たちがどのように応えるのか、ついていく先に何があるのか。情報過多で混沌とした現代社会において、それらの問いへの答えをみつけるために、ナウエンは私たちの周りにある障害物を注意深く取り去っていきます。キリストを知らない世界によって刷り込まれた偽の概念を取り除くとき、そこに狭いけれども、はっきりとした道が見えてきます。その狭い道こそが、私たちを真の故郷、神の家へと導く道なのだと、ナウエンは自らの経験をふんだんに交えて語りかけてくれます。本書を読み進めるうちに、読者はその道を辿りはじめ、知らず知らずのうちに喜びと希望の小川が心の中に流れはじめていることにお気づきになることでしょう。そして、その喜びの道を歩むのは私一人だけではなく、いつでも同じ道を歩んでいる仲間がいるのだということにも気づくのです。

私は以前ナウエンの別の講演をビデオで視聴する機会がありました。講演会での彼は、私が著書を読んで勝手に作り上げていた「静か」で「穏やか」という印象を大きく裏切るダイナミック・スピーカーでした。大きな声と大胆なジェスチャーで力を込めて情熱的に語る姿には、彼の確信の深さと聴衆への愛の強さが表されていました。英語の原書は彼の語り口をそのままに記すことによって、ナウエンが直接語りかけているような生き生きとしたものとなっています。強調点をくり返したり、わかりやすいように何度も言い換えたりするところにも、聞き手・読み手に対する思いやりや、彼が真理だと確信するところをぜひわかってもらいたい、という強い願望が伝わってきます。日本語訳にあたっては、講演のイメージと原書に残っている臨場感を保って、平易な口語にするとともに、彼の情熱を伝えるよう力を尽くしました。

熟練した聖書の教師であるナウエンは、聖書のみことばの中を聖霊によって自由に行き来し、注意深い解釈のもと噛み砕いて、それぞれの章のテーマを美しく編み上げています。引用箇所を記していないところでも、わかりやすい表現で数々のみことばを解き明かしてくれていることに読者はお気づきになることでしょう。

複雑で騒々しい世界に生きる私たちが、本当に大切なものは何かを少しずつ見極めつつ、主イエスのあとについて歩いていくことの素晴らしさを味わいながら前進することができるよう、そのためにこの拙訳が小さな光を照らすことができれば幸いです。

翻訳出版にあたり、一麦出版社の西村勝佳氏に大変ご尽力いただきました。私の拙い訳文を「読者に伝わるようにするのが一番」と忍耐をもって導いてくださったことに心から感謝いたします。また、「子どもと礼拝の会」の諸氏には、原書を理解するために必要な洞察を豊かに与えていただきました。最後に、いつも私を理解して励ましてくれた夫と三人の息子たちに本書を捧げます。

二〇二四年　聖霊降臨日

ブラウネルのぞみ

イエスさまについていこう

発行日……二〇二四年七月二十九日　第一版第一刷発行
定価……［本体二、〇〇〇＋消費税］円
訳　者……ブラウネルのぞみ
発行者……西村勝佳
発行所……株式会社 一麦出版社
札幌市南区北ノ沢三丁目四―一〇　〒〇〇五―〇八三二
郵便振替〇二七五〇―三―二七八〇九
電話（〇一一）五七八―五八八八　ＦＡＸ（〇一一）五七八―四八八八
URL https://www.ichibaku.co.jp/
携帯サイト http://mobile.ichibaku.co.jp/
印刷……モリモト印刷株式会社
製本……根本製本株式会社
装釘……鹿島直也

ISBN978-4-86325-159-5 C0016